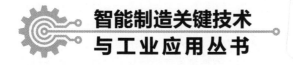

U0367072

浙江师范大学出版基金资助
（Publishing Foundation of Zhejiang Normal University）

消费者行为驱动的绿色制造服务智能决策理论与技术

Intelligent Decision-Making Theory and Technology for
Green Manufacturing Services Driven by Consumer Behavior

张 卫　王兴康　李小龙　著

化学工业出版社

·北京·

内 容 简 介

本书结合消费者行为理论与绿色制造技术，针对制造业转型升级的目标，提出了基于消费者行为的绿色制造服务智能决策体系，主要包含基于消费者问题识别和工业大数据的绿色设计服务智能决策方法、基于消费者购买过程和工业物联网的绿色生产服务智能决策方法、基于消费者满意度和工业云的绿色产品服务智能决策方法、基于一切即服务的绿色制造服务智能决策平台建模方法等内容。本书在绿色制造背景下，以生产性服务和制造服务化为对象，构建制造与服务融合过程中智能化的绿色设计服务决策、绿色生产服务决策、绿色产品服务决策机制，同时在消费者行为驱动下建立绿色制造服务随时随地智能化决策的理论和技术体系。

本书可供从事智能制造领域研发和工程应用的科技人员参考，也可作为高等院校机械工程、智能制造工程、工业工程等相关专业本科生及研究生的教学参考书。

图书在版编目（CIP）数据

消费者行为驱动的绿色制造服务智能决策理论与技术 / 张卫，王兴康，李小龙著. -- 北京：化学工业出版社，2025. 6. -- （智能制造关键技术与工业应用丛书）.
ISBN 978-7-122-47627-2

Ⅰ. F426. 4
中国国家版本馆 CIP 数据核字第 20252TM654 号

责任编辑：张海丽　　　　　　　　文字编辑：郑云海
责任校对：宋　夏　　　　　　　　装帧设计：王晓宇

出版发行：化学工业出版社（北京市东城区青年湖南街 13 号　邮政编码 100011）
印　　装：北京云浩印刷有限责任公司
710mm×1000mm　1/16　印张 11½　字数 214 千字　2025 年 6 月北京第 1 版第 1 次印刷

购书咨询：010-64518888　　　　　　售后服务：010-64518899
网　　址：http://www.cip.com.cn

凡购买本书，如有缺损质量问题，本社销售中心负责调换。

前言

制造业与服务业的融合成为制造业转型升级的主要途径之一，制造业信息化也推进到智能制造的新阶段。在绿色设计、绿色生产、绿色产品等绿色制造逐步深入之际，绿色制造服务产业成为新的经济增长点，绿色制造服务决策问题的研究也迫在眉睫。国内外产业界和学术界在生产性服务、制造服务化等方面进行了实践与研究，形成了一些解决问题的初步方案。为了更好地解决绿色制造服务决策问题，可以在绿色制造背景下基于消费者行为研究绿色制造服务智能决策机理，从而更好地在制造企业、服务企业和终端用户之间实现制造服务资源的绿色应用，促进中国制造业走出大而不强的困境。

本书结合国家社会科学基金、国家自然科学基金、教育部人文社会科学研究规划基金等项目的研究成果，对绿色设计服务智能决策、绿色生产服务智能决策、绿色产品服务智能决策等理论与技术进行了深入研究，对中国制造业的服务化、绿色化、智能化进行了初步探索。从 2008 年起研究制造服务以来，结合制造业信息化与工业工程背景，从多学科角度考察制造服务的本质与运作，分别尝试了制造服务链、制造服务信息化、第四方制造服务运营环境等多个视角研究，取得关于制造服务的初步认识。以服务企业、制造企业、终端用户之间的生产性服务和制造服务化关系为框架，提出了移动制造服务、智能制造服务、制造与服务融合等理论和技术。在此基础上，开启制造服务研究的第二阶段，将新质生产力背景下的各类科技创新引入制造服务研究，从绿色制造、数字孪生、边缘计算等方面研究制造服务运作关键技术，为制造服务产业创新奠定基础。本书是绿色制造与制造服务的融合，在智能制造环境中，以智能决策为切入点，基于消费者行为来研究绿色制造的服务化和制造服务的绿色化。

本书构建了绿色制造服务智能决策的理论体系，主要内容包括如下四个部分。

第一部分：第 1 章，是本书的研究背景和相关理论技术阐述。

第二部分：第 2 章，主要介绍绿色制造服务智能决策理论框架构建，通过消费者行为理论和绿色制造技术综述，界定制造业服务外延与服务业制造内涵，提出消费者行为驱动的绿色制造服务智能决策体系。

第三部分：第 3~6 章，绿色制造服务智能决策四方面的核心理论技术体系建立，是本书的重点部分。针对绿色设计服务智能决策，提出了一种基于消费者问题识别和工业大数据的绿色设计服务智能决策方法；针对绿色生产服务智能决策，提出了一种基于消费者购买行为和工业物联网的绿色生产服务智能决策方法；针对绿色产品服务智能决策，提出了一种基于消费者满意度和工业云的绿色产品服务智能决策方法；针对绿色制造服务智能决策平台，提出了一种基于一切即服务的绿色制造服务智能决策平台建模方法。

第四部分：第 7 章，总结与展望，简要指出绿色制造服务智能决策的核心技术、研究难点以及应用前景。

本书内容主要源于国家自然科学基金（51205353）、国家社会科学基金（17BGL086）、教育部人文社会科学研究规划基金项目（23YJAZH203）、中国博士后科学基金特别资助（2013T60586）、浙江省软科学研究计划项目（2021C35041）等项目的研究成果，同时，从课题组的以下项目中受益匪浅，包括国家自然科学基金（71571161，51175463，51475434）、国家"863"高科技研究发展计划资助项目（2011AA040601，2013AA041304，2015AA042101）、国家科技支撑计划资助项目（2013BAF02B10）等。本书的内容得到了唐任仲教授、顾新建教授、石涌江教授、江平宇教授、曹华军教授、李聪波教授、纪杨建教授等专家的指导和帮助，借鉴了浙江省数字经济与智能制造研究实践经验，以绿色制造技术为基础，提出绿色制造服务的概念，通过项目实践和理论思考，逐步建立起绿色制造服务智能决策的理论体系。本书作者单位为浙江师范大学，特别感谢浙江师范大学工学院鄂世举教授的大力支持，以及朱信忠、王冬云、李熹平、张忠华、李建平、田景红、夏文俊等同事的热心帮助，还要感谢制造服务课题组王兴康、李小龙、蔡永健、王俊、张逸云、王恩宇等研究生的积极参与。本书获得浙江师范大学出版基金资助，在此一并表示感谢！

制造服务研究是一个多学科交叉领域，相关研究还不成熟，并且对于制造服务本身内涵认识还处于初步阶段，国外学者从定性角度以公司案例确定制造服务性质是较好的研究方法，国内专家从企业角度以解决方案实现制造服务应用也是较好的研究思路。本书只是探索和尝试将制造业的服务化、绿色化、智能化统一起来，设计一种决策体系，指导后续深入研究。鉴于作者水平和经验有限，书中难免有疏漏之处，恳请读者批评指正。

张卫

2025 年 3 月于金华

目录

第 3 章
基于消费者问题识别的绿色设计服务智能决策 025

第 4 章
消费者购买行为驱动的绿色生产服务智能决策 049

第 5 章
基于消费者满意度的绿色产品服务智能决策 115

第 6 章
消费者行为驱动的绿色制造服务智能决策平台　　　145

第 7 章
总结与展望　　　163

第1章

绪论

1.1 引言

制造业在 21 世纪出现了新战略，以德国工业 4.0 与美国工业互联网为代表，发达国家的再工业化战略趋势更加明显，我国也发布了《中国制造 2025》，推进制造业的升级转型。制造业发展以智能制造为主攻方向，突出智能化、服务化、绿色化等特征：智能化以人工智能融合信息技术实现智能工厂、智能生产、智能产品等；服务化以生产性服务融合制造服务化实现产品服务一体化；绿色化以工业生态学融合清洁生产实现制造业的节能、减排、低碳等目标。在智能制造基础上，融合绿色制造与制造服务，就可以使得制造业的智能化、服务化、绿色化融为一体，共同促进产业升级，推动绿色制造服务产业发展。智能制造提供基于工业大数据、工业物联网、工业云等智能化技术，绿色制造提供绿色设计、绿色生产、绿色产品等绿色化技术，以此为基础构建制造与服务融合的绿色制造服务，成为制造服务研究的新方向。消费者购买行为驱动了产品或服务的价值转换，是绿色制造服务运作的驱动力，可以从消费者行为视角研究绿色制造服务概念及其智能决策体系。

本章基于制造业转型升级的目标，阐述了研究绿色制造服务的背景和重要意义；结合生产性服务与制造服务化，综述了绿色制造服务相关理论与技术的研究现状。在此基础上，提出了本书的结构和主要内容。

1.2 研究背景

在我国制造业转型升级进程中，制造业与服务业融合成为重要研究课题，特别是《中国制造 2025》战略将服务型制造与生产性服务列为智能制造的重点之一，促进了制造与服务融合的深入研究。国内外工程界的制造服务实践，使得制造企业走向创新之路，提升了企业竞争力；学术界的制造服务研究也呈现多样化局面，如从制造业视角研究制造服务化模式、从服务业角度研究生产性服务运作模型、从信息化方向研究产品服务系统、从管理学角度研究制造新模式演化、从智能制造技术角度研究云制造与制造物联等。这些理论与实践为制造与服务融合研究提供了坚实基础。

1.2.1　绿色制造服务研究的重大意义

我国制造业已经具有 41 个工业大类、207 个工业中类、666 个工业小类，形成完整独立的现代工业体系。2022 年，我国制造业增加值占全世界比重将近30%。制造业快速发展过程中，伴随着资源与能源的大量消耗、生态环境的急剧恶化。绿色制造作为一种资源节约和环境友好型制造模式，成为制造业可持续发展的必然选择。绿色制造与智能制造相互促进，同时也带动了制造与服务融合，绿色制造服务研究对于制造业转型升级具有重要意义。

寻求工业大数据环境下消费者行为驱动的绿色制造服务决策方法是本成果体现的学术价值。以工业 4.0 和工业互联网为代表的新工业革命加深了制造业的全球分工，也使得我国面对新工业革命提出中国制造 2025 战略，加入制造业全球化的竞争中。中国制造在智能化的同时，也注重绿色化与服务化，在以人为本的企业转型中，必须考虑消费者行为，满足消费者的个性化需求。未来制造业面临问题的解决途径之一就是在绿色制造背景中，特别是在工业大数据环境中寻找制造与服务融合的基本路径，因此本书内容既考虑消费者行为的理论支撑，也兼顾绿色制造的实践需求。由于制造企业、服务企业和终端用户的分布式、离散性和复杂性特点，在工业大数据环境下必须提供绿色制造服务决策方法以适应个性多变的制造服务需求。绿色制造服务的决策包括绿色设计服务决策、绿色生产服务决策、绿色产品服务决策三方面。尽管国内外在消费者行为和绿色制造理论方面已开展过较深入的研究，但在消费者行为的大数据对绿色制造服务决策影响方面研究较少，对绿色制造中价值链和产业链的制造服务问题认识不清。这些问题如不解决，会制约制造服务理论的进展和认识，因此，开展绿色制造服务决策方面的研究具有重要学术价值。

如何构建基于消费者行为的绿色制造服务决策方法来满足绿色制造中消费者个性化的制造服务需求，是本书研究成果体现的应用价值。在绿色制造背景下，国内企业注重企业的社会责任与环保意识，以循环经济意识规划企业的可持续发展，同时消费者的个性化需求驱动了制造与服务的融合，国内企业通过提供制造与服务解决方案获得了更多的商业价值，使得企业更具竞争力。工程界和学术界结合生产性服务业和制造业服务化，提出了服务型制造、云制造、制造物联等新的制造模式。制造业与服务业融合过程中，产生了海量工业大数据，这些大数据支撑绿色制造服务的运作，特别是消费者行为大数据直接影响绿色制造服务决策，而工业大数据环境中绿色制造服务的运作管理存在组织不及时、资源不均衡、协作不紧密等问题，这就需要基于消费者行为来驱动配置制造与服务资源，并且协调各方利益达到价值共享、资源优化和合作共赢的目的。因此，消费者行为引入绿色制造服务决策研究具有重要应用价值。

1.2.2　绿色制造服务的相关理论渊源

制造业是兴国之器、强国之基，是国民经济的主体。推动制造业高质量发展是建设现代化经济体系的内在要求。制造业是供应链体系与产业链体系的重要组成，外部与农业、服务业等产业领域关联互动，内部涵盖了从原材料、中间产品到最终产品生产与流通的一系列环节。从 2010 年开始，我国制造业增加值已连续多年高居世界第一。我国是全世界拥有联合国产业分类中所列全部工业门类的国家，220 多种工业产品的产量高居世界第一。2021 年，全国规模以上工业企业营收 128 万亿元，比 2012 年增长 37.7 个百分点，年均增长 3.6 个百分点，光伏、电力、船舶制造等产业链国际竞争优势进一步增强。2022 年全国制造业总量 326077 亿元，增速为 1.7%，占 GDP 的 27.1%，所有工业增加值超过了 40 万亿元。我国制造业已经形成了十分完备的工业体系，制造强国的地位越发坚实[1]。

在制造业快速发展过程中，往往伴随着资源的大量消耗以及生态环境的急剧恶化等问题。一种资源节约和环境友好型制造模式——"绿色制造"应运而生。绿色制造是一种综合衡量资源效益与环境影响的现代化制造模式，它在产品的设计、生产、包装到再制造等产品全生命周期中提升对资源的利用率并减少对环境的损害[2]。在制造业升级过程中，制造业与服务业融合成为重要研究方向。《中国制造 2025》国家行动纲领中将生产性服务与服务型制造列为智能制造的重点发展方向之一[3]。绿色制造与智能制造相互促进，即制造业在智能化与服务化的同时，也开始注重绿色化，进一步推动了制造与服务融合。绿色制造服务的研究对于制造业转型升级具有重大意义。绿色制造服务包括绿色设计服务、绿色生产服务、绿色产品服务三种类型[4]。

制造业作为国民经济主体之一，其快速发展极大地促进了经济增长并显著改善了人民物质生活水平，但是同时导致了资源的消耗以及环境的破坏等问题。"可持续发展"的概念在 1970 年代正式被提出。1996 年，绿色制造的概念在美国制造工程师学会发表的蓝皮书《Green Manufacturing》中系统地被阐述[5]。2013 年，英国政府将"绿色制造"定义为下一代制造。2022 年，美国提出"工业脱碳路线图"，进一步阐述了降低制造业废气排出的 4 个主要手段及其研发需求[6]。在国内，2000 年，刘飞等[7] 首次系统阐述了绿色制造的概念与发展。2006 年，国务院将制造业可持续发展列为制造业的重大发展方向之一[8]。2015 年，《中国制造 2025》提出：全面推行绿色制造，实施"绿色制造工程"。2016 年，国家正式发布了《绿色制造工程实施指南（2016—2020 年）》，旨在实现制造业高效清洁低碳循环和可持续发展[9]。2021 年，重庆大学绿色智能制造团队提出了绿色制造的新的理论体系，提出了绿色制造的三个基础理论和六个主要特性[10]。制造服务研究是一个多学科交叉的系统工程，国内外学者针对此研究方向提出了生产性服务、制造服务化与产品服务系统（PSS）等概念；制造与服务融合的本质是在服务企业、制造企业与终端用户三个主体之间形成制造服务活动。新工业革命技术的出现，加速了制造服务活动智能化与信息化趋势。

（1）绿色评价理论

在产品的全生命周期中各个阶段均可以构建相应的绿色评价指标体系。国内外学者对其进行了深入的研究。张比鹏等[11] 总结了集装箱生产流程对环境的影响，建立了集装箱生产过程的绿色评价指标体系；丁韩等[12] 采用主观动态赋权与改进的 TOPSIS 评价法建立了不同种类变压器生产过程的绿色评价指标体系；赵刚等[13] 总结了钢铁生产过程中对环境的影响因素，构建了一种对钢铁供应商的绿色度评价体系；孙婷婷等[14] 将产品全生命周期的绿色度分为资源、生态环境与健康安全三个维度，并从绿色度及其管理的角度上建立了绿色制造的评价模型；赵越[15] 通过对服装生产企业的生产环境、员工文化与营销手段等方面进行了综合分析，建立了一套完整的服装生产企业绿色管理评价模型，以加强服装加工企业的绿色管理；严蓓兰[16] 研究了电机制造商的原材料、制造能耗与环境污染等方面，建立了电机制造商的绿色评价指标体系；张庆平等[17] 使用层次分析法计算出家电供应链中所有对环境有影响的因素及其权重，并建立了家电生产企业供应链绿色评价指标体系，用来评价家电企业供应链的绿色度；张旭辉等[18] 分析了采煤机全生命周期中环境的主要影响因素，使用 eFootprint 软件建立了采煤机绿色评价指标体系，为增强采煤机绿色属性提供了理论依据；张林[19] 提出了一种融合模糊综合分析法与改进模糊层次分析法的方法，建立了汽车零部件绿色度评价模型，为合理选择汽车零部件绿色供应商提供了科学依据；吴超华[20] 使用两种不同的组合评价法对硅棒多线线锯工艺进行了综合评价；Hou 等[21] 采用了相关模糊粗糙集和熵权法对绿色生产力相关指标进行初始量化，构建了一种包含 5 个一级指标、13 个 S 级指标和 30 个三级指标的绿色生产力评价体系，为绿色生产力的相关研究提供了参考；Wang 等[22] 通过观察农业生产过程中从投料、生产到产出的循环过程，构建由 3 个子体系和 19 个指标组成的农业绿色生产综合评价体系，并将此农业综合评价体系运用于中国 31 个省区市的农业绿色生产评价；Gao 等构建了 LED 灯生产过程中关键评价、质量流分析和环境影响评价相结合的绿色制造多重评价体系[23]，该评价体系可以对 LED 灯的生产环节或不同生产工艺的绿色生产水平进行评价。

（2）绿色生产理论

绿色生产要求在产品加工、制造等生产过程中充分考虑并降低对资源、环境产生的不利影响。国内外学者对绿色生产阶段进行了深入的研究。耿凯峰等[24]使用一种多目标模因算法来求解混合流水线调度模型；赵希坤等[25] 提出一种优势动作评论算法，对刀具柔性加工工艺参数进行优化决策；吕岩等[26] 以最大完工时间与总能耗为目标，建立一种基于扰动事件机制的机械工艺参数与车间调度的综合节能优化模型。Srinivas[27] 提出了一种自适应遗传算法，并被广泛运用于生产领域；Singh 等[28] 提出了一种改进搜索机制的突变驱动灰狼优化器；Liu 等[29] 提出一种结合多机制的改进灰狼优化算法来进行农业无人机的轨迹规划；Zhang 等[30] 为减少制造车间的碳排放，使用数字孪生技术来预测车间的碳排放，其研究内容包括绿色制造车间数字孪生五维模型的构建、绿色数字孪生数据层交互机制等；Tian 等[31] 建立了基于生产指标的多目标切削参数优化模型，使用智能优化算法来确定切削参数；Zhang 等[32] 在分析了齿轮加工工艺的基础上，建立了低能耗的齿轮加工路线决策优化模型，采用灰狼算法求解该复杂模型。

（3）服务工程理论

2004 年，IBM 公司提出服务科学、管理与工程（Service Sciences，Management and Engineering，SSME）的概念，试图从计算机科学的角度，整合相关学科形成服务科学学科[33]。其中，服务科学研究服务系统及其自身的运作规律；服务管理研究高效率服务运作、服务需求预测、高质量服务设计、高满意度服务提供等问题；服务工程研究利用 IT 来支持服务系统的设计、构建和部署；服务运作研究服务的具体执行技术。2007 年，哈尔滨工业大学徐晓飞教授提出一种用以刻画服务系统建模、构建与部署的服务工程概念性框架[34]，该框架是可定义、可实现、可评价的服务模型驱动体系结构。同时该课题组还研究了组合Web 服务的价值分析方法[35]、支持大规模个性化功能需求的服务网络构建[36]、制造服务及其成熟度模型[37]、基于 E3-Value 的服务供应链运作管理流程和方法[38]、基于分层超图的服务价值依赖模型[39]、多层次图形化服务价值建模方法[40]、面向双边资源整合的服务创新模式[41] 等课题。

产品服务系统（Produce Service System，PSS）作为制造服务化的结果，是集成产品与服务提供给终端用户的系统方案[42-44]。一般认为，产品服务系统有面向产品的 PSS、面向效用的 PSS、面向应用的 PSS 等[45-46] 类型。剑桥大学制造研究院（Institute for Manufacturing，IfM）Evans 教授的工业可持续（Industrial Sustainability）研究团队定性研究了产品服务系统相关问题，为产品服务系统的实现提供了有益参考[47-53]，并在企业咨询中获得成功。国内对于产品服务系统研究也取得一些成果[54-62]。浙江大学顾新建教授等通过在杭州汽轮机、海尔家电等企业的制造服务实践，提出了产品服务系统的共性关键技术[63]，既包括面向产品服务的设计技术、产品维修服务技术、面向产品服务的用户需求挖掘技术、产品服务的人性化技术、产品服务信息采集技术等，也包括产品服务系统的组织和过程优化理论、产品服务全生命周期管理理论和方法等。西安交通大学江平宇教授对工业产品服务系统的概念及其执行逻辑进行了详细定义，并提出了工业产品服务系统的分类方法[64] 以及工业产品服务系统关键技术，关键技术主要有工业产品服务系统生产能力建模、工业产品服务系统运作模式与过程建模、工业产品服务系统服务价值分析等。

1.3　绿色制造服务的相关理论与技术研究现状

　　绿色制造服务研究是一个多学科交叉的系统工程：机械工程学科提供了产品设计与制造的核心技术以及制造系统的实现模式，计算机科学与技术学科提供了制造业信息化的核心技术以及服务工程的平台架构，管理科学与工程学科提供了服务系统运作与管理的核心技术以及制造融合服务的概念特征，其他学科也为制造服务研究提供专门知识。工程界的制造服务主要是企业针对个性化顾客需求进行服务创新，以产品服务系统改进单纯产品来实现价值增值。学术界的制造服务研究内容主要是生产性服务和制造服务化理论，国内学者立足制造，提出现代制造服务、服务型制造、产品服务系统等概念，同时基于新工业革命技术，提出云制造、制造物联等制造服务模式。宏观层面，在美国提出振兴先进制造计划之后，德国、英国、中国等国都制定了制造业发展新战略，其中也涉及绿色制造服务的内容，为制造服务研究提供明确导向。

1.3.1　生产性服务与制造服务化

　　国外制造服务研究从 20 世纪 60 年代开始聚焦于生产性服务，而后出现了对应的制造服务化研究。在 21 世纪初，国内研究服务业的学者开始关注并将生产性服务概念引入国内，同时也引入了制造服务化概念。

　　（1）生产性服务

　　生产性服务是服务企业提供给制造企业的服务活动，这种服务活动不针对终端用户，具有中间需求性。信息服务、人力服务、咨询服务、设计服务、大数据服务等都属于生产性服务，生产性服务内涵广泛，还没有确切的定义。生产性服务属于服务范畴，同时也具有一些特性，比如：生产性服务中间投入性强，生产性服务具有可贸易性，生产性服务依赖知识和人力资本，生产性服务的产业关联性强，等等。生产性服务促进了制造与服务融合，对于制造业来说，生产性服务提供专业化服务，可以为制造企业实现分工深化和升级换代；对于服务业来说，生产性服务提供服务产业创新，可以为服务企业改善投资环境和实现低成本高效率交易。

生产性服务概念最早是由美国经济学家 Greenfield 于 1966 年提出的[65]，是为了研究服务业及其分类。他强调生产性服务业为生产和商务活动提供服务，提出中间投入服务，其服务对象不包括最终消费者。后来针对服务业的分类，Healey 和 Ilbery 提出服务业分为消费性服务和生产性服务的分类概念[66]。生产性服务业为其他公司提供服务的概念[67] 由 Howells 和 Green 提出。生产性服务可以提高生产过程不同阶段产出价值和运作效率[68]，它的内涵也包括办公清洁、货物储存与分配、科学服务等[69]。弹性生产方式由 Coffey 和 Bailly 提出，用于研究生产性服务业的增长和区位间的关系[70]。Harrington 提出英国生产性服务业还包括信息技术服务、就业增长相关服务等[71]。这可以界定出生产性服务内容之一是制造业信息化服务[72]，它可以为制造企业提供中间产品。1990 年，Goe 提出制造部门是西方发达国家应用生产性服务的主要部门[73]。生产性服务将为制造业提供重要支持，也是制造服务研究的重要对象。另外，国外学者对于生产性服务的内涵提出了各种观点[74-76]，值得借鉴。

国内关于生产性服务研究起步较晚，中山大学李江帆团队在第三产业研究基础上[77]，最先引入国外生产性服务概念[78-79]，其中毕斗斗等研究了生产性服务的演变与发展[80-82]。甄峰等从地理经济学角度综述了西方生产性服务研究[83]，吕政等提出中国生产性服务的战略选择[84]。在生产性服务业与制造业关系方面[85-91] 国内研究比较深入，从分工和竞争力两个视角研究生产性服务业与制造业互动的机制。同时，在区域进行应用探索发现生产性服务业能够提高经济效率、促进经济分工、增加就业等；在企业应用过程中发现生产性服务能够支持创业、提高企业竞争能力、降低企业成本等。生产性服务业与制造业关系的主要形式有需求遵从论、互动论、供给主导论、融合论四种，这四种形式是不同阶段的相对认识：互动论与实际比较相符，需求遵从论和供给主导论是强势企业立足自身的阶段性选择，融合论是产业演变的趋势。针对生产性服务和制造业的融合，深化了生产性服务研究，更能促进制造与服务的融合。

（2）制造服务化

制造服务化研究制造业中服务业的地位是否上升的问题。物品向服务转移的思想是 Becker 在 1962 年首先提出的，可以看作制造服务化的源头，然后有学者提出非工业化[92]、后工业社会、服务经济[93] 等概念。同时，西方许多学者考察[94-99] 制造业的重要性时发现制造业中存在服务化趋势。20 世纪 80 年代之后的制造服务化研究主要有两方面：一是针对制造业服务化趋势的探讨，二是针对服务化和环境关系的研究。2003 年，Szalavetz 提出服务要素在制造业的全部投入中占比增加，服务成分在制造业的全部产出中占比也增加。关于制造服务化主要有三个代表性的定义：一是 1988 年 Vanderemerwe 和 Rada 提出的 Servitization[100]，把制造服务化定义为制造企业提供解决方案，该解决方案是物品服务包，通过物品服务包可以实现价值增值；二是 1999 年 White 提出的 Servicizing[101]，把制造服务化定义为一种动态的变化过程，即制造商角色从物品提供者转变为服务提供者的过程；三是 2003 年 Szalavetz 提出的 Tertiarization[102]，把制造服务化定义为制造企业竞争力，包括制造活动的效率和内部服务的有效组织提供，同时外部服务的重要性逐渐提高。剑桥服务联盟 (Cambridge Service Alliance) 主任 Neely 教授研究团队定性研究了制造服务化相关问题[103-109]，以商业模式创新方法为企业的制造服务化提供支持，研究制造服务化过程的价值创造、服务性能、服务复杂性等问题，处于国际制造服务化研究的前沿。

制造服务化在价值链上表现为注重服务的作用来提升竞争优势[110-112]，中山大学李江帆团队的刘继国从投入和产出两方面分析制造服务化的内涵[113-115]。投入服务化以服务要素作为投入来参与企业价值创造；产出服务化以服务产品提供给用户来参与企业价值分配。制造企业投入服务化一般表现为中间性的服务要素，如人力资源服务、金融服务、知识服务等；制造企业产出服务化是围绕产品提供更多服务，或者将服务渗透在产品中，提供产品服务系统，如物流服务、售后服务、维修服务等。制造服务化是一个过程，实现方案很多，在企业实践中可以逐步获得一些定性的制造服务化模式，为制造与服务融合提供参考。

清华大学技术创新研究中心蔺雷与吴贵生等在服务创新研究的基础上，提出制造业服务增强 (Service Enhancement)[116-122] 的概念、特征及其机理，将制造业服务增强理解为通过服务转型实现价值增值和利用服务来增强企业产品竞争力。考虑到制造业服务增强来源于企业，概念不统一，国外采取定性方法来研究制造业服务增强的宏观表现、微观机理及模式等，提出服务增强型产品、服务增强型制造业等概念。浙江大学创新与发展研究中心顾建新教授和祁国宁教授等以知识服务为基础提出服务增强的知识型制造业概念[123]；柏昊等研究服务增强在制造业产品创新中的作用[124]；陈煜等提出增值服务模式图，以及制造业供应链环境下增值服务内容等。

1.3.2　绿色制造与消费者行为

在制造服务研究中，引入绿色制造技术与消费者行为理论，是一次新的尝试，旨在解决制造服务的绿色性和从消费者行为角度的决策问题。绿色制造服务将绿色产品与绿色服务综合考察，通过模块化方法集成，会大大改善现有制造服务的生态性。

（1）绿色制造

绿色制造是一种综合考虑资源消耗和环境影响的现代制造模式，是当前世界各国学术界、政府以及工业界广泛关注的热点领域，是 21 世纪制造业发展的方向。相关的术语还有：环境友好制造、环境意识制造、生命周期工程、可持续制造、低碳制造等。绿色制造目标是使产品在设计、制造、包装、运输、使用到报废处理的整个产品全寿命周期中，对环境的影响（副作用）最小，资源利用率最高，并使企业经济效益和社会效益协调优化[125-126]。

美国制造工程师学会 1996 年发布绿色制造蓝皮书，最早明确给出绿色制造的内涵，国内刘飞等 2000 年就系统阐述了绿色制造的概念与目标。近年来，随着国外再工业化趋势增强，美国、欧盟、中国等国家和地区都制定了绿色制造战略。绿色制造的内涵不断丰富，产业方向主要有传统产业的绿色化改造、发展节能环保新能源装备等绿色产业、发展绿色制造服务产业等。绿色制造的重点内容包括绿色设计、绿色工厂、绿色产品、绿色园区、绿色供应链等。

工业发达国家相继提出基于产业共生和资源循环的工业生态模式、生态工厂、效能工厂、生产者延伸责任制等产业创新模式。2012 年以来，中国生态文明建设上升为国家战略，工业发展进入全面绿色转型的新时期。《中国制造2025》将绿色制造作为重点推动的五大工程之一[127-135]，2016 年，工信部、发改委、科技部以及财政部正式发布了《绿色制造工程实施指南（2016—2020年）》，旨在实现制造业高效清洁低碳循环和可持续发展，促进工业文明与生态文明和谐共融。

（2）消费者行为学

消费者行为是感情、认知、行为以及环境因素之间的动态互动过程，是个体或群体为满足需要与欲望而挑选、购买、使用或者处置产品、服务所涉及的过程[136-137]。消费者行为核心关注点为：一是消费者的购买决策过程，是消费者在使用和处置所购买的产品和服务之前的心理活动和行为倾向，属于消费态度的形成过程；二是消费者的行动，是购买决策的实践过程。在现实的消费生活中，消费者行为的这两个部分相互渗透，相互影响，共同构成了消费者行为的完整过程。

国外学者在研究消费者行为方面的理论大致分为：消费者行为的影响因素理论，消费者需求、动机与价值理论，自我概念与生活形态理论，消费者信息处理及决策理论，以及终端购物行为理论。在宏观上研究消费者行为与消费生活方式概念相联系，通常是对消费群体人口统计特征及消费行为特征的描述，这类研究更多的是描述性研究；在微观上研究消费者行为则通常与消费者认知、态度、购买意愿以及决策过程等具体购买行为相联系，倾向于对消费者在具体的信息沟通、购买决策、产品使用、品牌态度等方面的行为进行解释和说明，多属于解释性研究。

国内学者对中国消费者行为特征研究的内容，包括对消费者生活方式的研究、对中国消费者研究方法的研究、中国消费者的本土化研究、中国消费者特有的行为模式等。随着智能制造、绿色制造、服务型制造的推进，消费者行为成为制造业与服务业融合的关注焦点之一，如何满足消费者的个性化需求成为瓶颈，破解方法就是从消费者行为本身来探究。

1.4 本书结构与主要内容

本书针对绿色制造服务决策的需求，结合消费者行为理论与绿色制造技术，研究了绿色制造服务智能决策机制，在引入消费者行为和绿色制造的基础上提出绿色制造服务智能决策体系。主要研究了基于消费者问题识别的绿色设计服务智能决策、消费者购买行为驱动的绿色生产服务智能决策、基于消费者满意度的绿色产品服务智能决策等问题，最后，完成了绿色制造服务智能决策体系的建立。

1.4.1 研究目标

中国制造业转型的目标是制造业的智能化、绿色化、服务化，在智能制造的基础上，渗透管理学与经济学的理念，逐步实现制造业服务化与绿色化融合。本书从制造业服务化与绿色化融合的目标出发，提出绿色制造服务的概念，建立绿色制造服务智能决策机制，构建绿色制造服务智能决策体系。基于消费者行为理论和绿色制造技术，详细研究绿色设计服务智能决策、绿色生产服务智能决策、绿色产品服务智能决策等关键机制，建立消费者行为驱动的绿色制造服务智能决策体系，为制造企业与服务企业的绿色制造服务活动提供有益指导。

1.4.2 本书结构与内容

本书内容之间的关系及整体结构如图 1.1 所示。

本书的主要研究工作包括：

① 第 1 章：基于制造业转型升级的目标，阐述了研究绿色制造服务的背景和重要意义；结合生产性服务与制造服务化，综述了绿色制造服务相关理论与技术的研究现状。在此基础上，提出了本书的结构和主要内容。

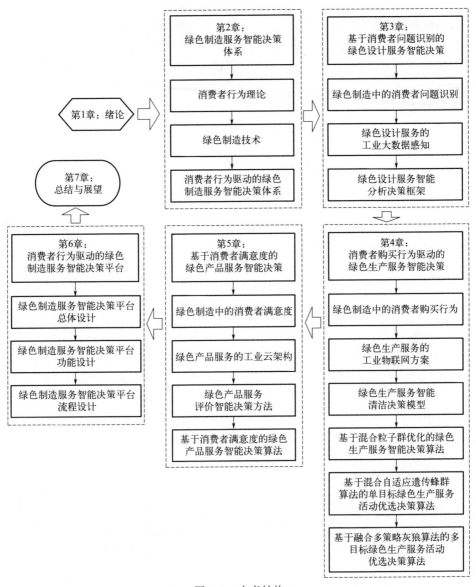

图 1.1　本书结构

② 第 2 章：分析了消费者行为理论和绿色制造技术，即消费者问题识别、消费者购买过程、消费者满意度；在此基础上，提出了消费者行为驱动的绿色制造服务智能决策体系。

③ 第 3 章：针对绿色设计服务决策，提出了一种基于消费者问题识别和工业大数据的绿色设计服务智能决策方法。该方法首先采用绿色制造服务问题识别与消费者问题实际状态映射模型，来构建绿色制造的消费者问题识别参考模型；然后从绿色设计角度研究工业大数据感知，提出了基于大数据的绿色设计服务工

业大数据采集和工业大数据存储方法；最后通过对绿色设计服务决策的需求管理和绿色设计服务决策的分析框架的研究，提出了基于消费者问题识别的绿色设计服务智能分析决策方法。

④ 第 4 章：针对绿色生产服务决策，提出了一种基于消费者购买过程和工业物联网的绿色生产服务智能决策方法。该方法首先采用绿色制造服务购买行为基本问题与消费者购买行为映射，来构建绿色制造服务的消费者购买过程参考模型；然后从绿色生产角度研究工业物联网方案，提出了基于物联网的绿色生产服务工业物联网架构和工业物联网设计方法；接着通过对绿色生产服务决策的工艺管理和绿色生产服务的清洁决策模型的研究，提出了消费者购买行为驱动的绿色生产服务智能清洁决策方法；最后给出了 3 种智能决策算法。

⑤ 第 5 章：针对绿色产品服务决策，提出了一种基于消费者满意度和工业云的绿色产品服务智能决策方法。该方法首先采用绿色制造服务满意度测度与消费者绿色满意度映射，来构建绿色制造的消费者满意度参考模型；然后从绿色产品角度研究工业云架构，提出了基于云计算的绿色产品服务工业云配置和工业云协同方法；接着通过对绿色产品服务决策运维管理和评价方法研究，提出了基于消费者满意度的绿色产品服务评价智能决策方法；最后给出了基于消费者满意度的绿色产品服务智能决策算法。

⑥ 第 6 章：针对绿色制造服务智能决策平台，提出了一种基于一切即服务的绿色制造服务智能决策平台的建模方法。该方法首先采用商业生态理论分析制造服务主体之间的业务关系网络，基于生态位确定节点位置对平台要求，以此来总体设计平台架构与基础设施；然后结合绿色制造服务智能决策中的功能需求来建立管理平台的功能模型，包括功能分析、功能定义、功能设计等；最后基于新工业革命技术构建管理平台的流程模型，研究适合绿色制造服务智能决策功能的具体流程，使得功能与流程一一对应，进行流程分析、流程定义、流程设计等。

⑦ 第 7 章：总结了绿色制造服务智能决策的理论技术，探讨了绿色制造服务智能决策的研究难点，并展望了绿色制造服务智能决策的应用前景。

1.5 本章小结

本章给出了绿色制造服务的研究背景与意义，从生产性服务与制造服务化、云制造与服务型制造、绿色设计与绿色制造等方面阐述了绿色制造服务智能决策及相关技术的研究现状，明确了本书的研究目标、主要内容以及组织结构。

第 2 章

绿色制造服务智能决策体系

2.1 引言

消费者行为理论可以较好地反映制造服务决策中的复杂关系，服务企业、制造企业和终端用户在制造与服务融合中产生了千丝万缕的服务关系。总体来看，服务企业与制造企业之间形成了生产性服务关系，制造企业和终端用户之间形成了制造服务化关系。由于制造服务关系主要是基于消费者购买过程中产生的交易等关系，所以可以用消费者行为理论来研究制造服务决策。同时，绿色制造技术提供了更好的产品和服务，绿色设计、绿色生产、绿色产品等技术深度应用于制造业与服务业，使得产品和服务更为低碳环保，更具有竞争力，更符合消费者需求，所以可以用绿色制造技术来构建改善产品和服务的绿色生态品质，为消费者提供更好的绿色制造服务。在制造服务领域绿色制造服务内涵等概念明确之后，就可以在消费者行为和绿色制造的基础上，建立一套消费者行为驱动的绿色制造服务智能决策体系。

本章分析了消费者行为理论和绿色制造技术，即消费者问题识别、消费者购买过程、消费者满意度；在此基础上，提出了基于消费者行为的绿色制造服务智能决策体系。

2.2 消费者行为理论

消费者行为理论是研究个体或群体为满足其需要和欲望而选择、获取、使用、处置产品的全过程中所涉及的行为[138-139]。消费者行为理论是横跨自然科学与社会科学的综合性科学，包含心理学、社会学、人类学、经济学、系统工程以及多数工程学科。为了研究绿色制造服务决策，特别选取与购买产品相关的消费者问题识别、消费者购买过程、消费者满意度等消费者行为，作为理论依据展开研究。

2.2.1　消费者问题识别

消费者问题识别是购买产品之前的购买原动力，其来自理想状态与实际状态的差距，是消费者内部生理需要和外部环境刺激所引起的。消费者问题识别开始于消费者认识到实际状态与理想状态之间存在显著差异。

（1）消费者问题类型

消费者问题类型为消费者问题识别提供基础，消费者问题按照紧迫性和可预见性可以分为日常问题、紧急问题、计划解决问题、逐步解决问题等类型。日常问题是指预料之中需要立即解决的问题，紧急问题是指突发性的必须立即解决的问题，计划解决问题是指预期中发生不必立即解决的问题，逐步解决问题是指意料之外无须立即解决的问题等。从紧迫性看，日常问题和紧急问题需要立即解决，而计划解决问题和逐步解决问题无须立即解决。

消费者问题也可以按照消费者的意识性分为主动型问题和被动型问题两种。主动型问题是指消费者正常情况下能够意识到的问题，被动型问题是指消费者还没有意识到的问题。比如购买过程的消费者行为，主动型问题在已有识别的基础上消费者只关心产品或服务的优越性，被动型问题先要识别问题继而了解产品或服务是解决该问题的有效方法。

（2）消费者问题识别界定

消费者问题识别发生在比较理想状态和实际状态之后，消费者对于差距产生不满足感，驱动其采取进一步行动。问题识别是消费者购买决策过程的起点，消费者问题识别取决于消费者实际状态和理想状态之间的差异程度，当这种差异达到一定阈限时，就会产生问题识别。导致差异是产生问题识别的必要条件，导致差异存在的因素一般与消费者欲望有关。

消费者问题识别的影响因素复杂众多，主要分为外部诱因与内部诱因两种。外部诱因主要有缺货、新需要、新产品、营销因素等。缺货是指当消费者购买产品时没有存货，从而出现补货需求，新需要是指消费者生活中的变化导致的需求，新产品出现会引起消费者注意而成为问题识别诱因，营销因素是指由营销商引致的问题确认。内部诱因主要有不满意、消费者情绪、消费者生活方式等。不满意是指消费者对正在使用的产品或服务不太满意，消费者情绪是指各种情绪支配消费者购买行为的问题被识别，消费者生活方式是指在资源约束条件下消费者选择如何生活。

2.2.2　消费者购买过程

消费者购买过程是购买产品的需求匹配过程，在这一过程中消费者评价某种产品或服务的属性，并进行理性选择。消费者购买过程是用最小的购买成本满足某一特定需要产品或服务的过程。消费者购买过程具有理性化与功能化的双重内涵。

(1) 消费者购买过程的五阶段模型

消费者购买过程的五阶段模型由科特勒提出，是消费者购买决策过程的基本模型，该模型将消费者购买过程分为 5 个阶段，分别为问题识别、信息搜索、方案评价、购买决策、购后评价。2016 年，科特勒用 5A 来构建这五个阶段：认知（Aware）、吸引（Appeal）、询问（Ask）、行动（Act）、推荐（Advocate）。5A 模型获得广泛应用，其对每个阶段的消费者行为进行分析，并映射为产品或服务的内容需求，以此来设计产品和服务，或者制定营销任务。

(2) 消费者购买过程的一般模型

消费者购买过程的一般模型由霍华德提出，是一个简化消费者行为模型。该模型提出了与消费者购买相关的主要影响因素，以及这些因素之间的关系。消费者购买过程的一般模型有六个相互关联的变量，这六个变量是信息 F、品牌识别 B、态度 A、自信 C、动机 I、购买 P，其中的品牌识别、态度、自信是三个中心变量。购买过程是信息引导消费者去识别品牌，消费者依据需求评价品牌并产生态度，消费者依据品牌态度和自身自信水平做出购买决策。

(3) 消费者购买过程的相关因素模型

消费者购买过程的相关因素模型由布莱恩提出，是消费者购买过程的感受、情境、环境模型。该模型认为，情境特征、消费者个人特征、产品特征共同影响消费者购买过程；进一步认为，影响购买决策的主要因素是购物体验、售点刺激、销售互动，这些因素构成消费者购买情境；广义的消费者购买过程相关因素模型主要包括购买限制、消费者需求价值、购物者情绪、购物情境、购后评价等内容。

2.2.3　消费者满意度

消费者满意度是购买产品之后的使用评价，通过产品或服务的可感知效果与期望值比较后形成的愉悦或失望的感觉状态。消费者满意度是终端用户购买产品或服务后对服务企业和制造企业提供的产品与服务的直接性综合评价。

(1) 消费者满意度理论

1990 年，美国劳特朋提出 4C（Consumer，Cost，Convenience，Communication）整合营销理论，以消费者需求为导向提出消费者满意的四个基本要素，即消费者、成本、便利、沟通。消费者是指企业以顾客为中心，成本是指货币成本、时间成本、精神成本、体力成本等，便利是指最大程度便利消费者，沟通是指企业向消费者提供有关产品、服务、价格等信息。

消费者满意度形成过程：消费者满意的各种起因因素和消费者受这些因素影响形成满意感的过程。针对这个过程的各种解释就是消费者满意度机制，起因因素的增减和变化可导致模型的修正。最基本的满意度模型为经典顾客满意度模型。

顾客满意度与消费行为关系的研究包括满意度与口头传播、满意度与购买意向、满意度与品牌忠诚等关系的研究。比如，负面的信息比正面的信息更容易被消费者口头传播，满意度可以直接影响购买意向，顾客满意度需要一定的条件才能转变为顾客忠诚。

（2）消费者满意度模型

消费者满意度模型的期望模型是依据社会心理学和组织行为学建立的期望-不一致模型。该模型认为，满意是通过一个两阶段的过程实现的。第一阶段，购买前消费者对产品或服务的绩效产生期望，购买后的真实绩效水平与期望比较，形成不一致；第二阶段，消费者根据不一致做出不同反应，不一致为零时消费者产生适度满意，不一致为正时导致满意，不一致为负时导致不满意。

消费者满意模型的公平模型是更关注消费者投入的模型。该模型认为，消费者感到自己获得的效用与投入之比，与产品提供商的这一比例相同时，就会感到公平和满意。公平程度越高，消费者越满意，反之，公平程度越低，消费者越不满意。

消费者满意模型的绩效模型是各行业满意度指标体系建立的理论基础。该模型认为，绩效是消费者所获得产品效用的总和，绩效是满意的主要前因，产品的属性为消费者带来的利益直接决定满意水平。产品绩效越高，消费者越满意，反之，消费者越不满意。

（3）消费者满意度评价

消费者满意度评价是基于消费者满意度的测量。首先，了解消费者对产品或服务的评价因素，表现为产品或服务的属性特点；然后，消费者对产品或服务的属性特点做出评价；最后，消费者综合各类属性对产品或服务进行满意度评价。

消费者满意度评价的 Kano 模型是日本的 Kano 提出的，该模型从期望质量、当然质量、迷人质量等方面评价产品或服务质量。期望质量是消费者对产品或服务有具体要求的质量特性，当然质量是产品或服务应该具有的质量，迷人质量是产品或服务的实际质量超过预期的程度。该理论认为，企业所提供的产品或服务要持续改进期望质量、必须保证当然质量、积极开发迷人质量，同时，消费者满意度与期望质量之间的关系为线性正相关，消费者与当然质量和迷人质量之间的关系为非线性正相关。

消费者满意度指数评价模型由瑞典统计局在 1989 年建立，瑞典消费者满意度指标体系即为 SCSB（Sweden Customer Satisfaction Barometer）。SCSB 认为消费者满意度的前因变量，即感知绩效与感知价值是等价的，满意度的结果变量是顾客抱怨和顾客忠诚，其中顾客抱怨是消费者对产品或服务表达不满的行为方式，顾客忠诚是消费者对产品或服务满意的体现。美国的消费者满意指数为 ACSI（American Customer Satisfaction Index），1996 年修正之后，增加感知质量与感知价值指标，感知质量侧重于质量评判，感知价值侧重于价格评判。ACSI 通过计量经济模型可以计算四个层次的消费者满意度指数。

2.3　绿色制造技术

绿色制造技术涉及产品的全生命周期，考虑制造过程中的资源消耗、低碳排放、环境影响等，兼顾技术与经济因素，促成企业经济效益与社会效益的协调优化[140-142]。绿色制造要控制物料转化过程，充分利用资源，减少环境污染；同时也要控制产品在构思、设计、加工、装配、包装、运输、销售、售后服务、报废回收过程中的资源和环境问题。绿色制造技术主要包括绿色设计、绿色生产、绿色产品等技术。

2.3.1　绿色设计

绿色设计是指在产品全生命周期设计中，充分考虑资源和环境的影响，在充分考虑产品的功能、质量、开发周期、成本的同时，优化各有关设计因素，使得产品及其制造过程对环境的总体影响和资源消耗降到最小。

(1) 绿色设计原则

绿色设计一般需要遵循绿色原则，主要表现在生态资源最佳利用原则、能量消耗最少原则、零污染原则、零损害原则、技术先进原则、生态经济效益最佳原则等方面，这些原则综合作用，实现传统设计向绿色设计的转变。

(2) 绿色设计方法

绿色设计方法是基于产品全生命周期考虑，并将生态环境作为首要因素，在满足产品基本性能要求之外还要满足环境属性要求。绿色设计方法主要有系统设计、模块化设计、基于产品生命周期的绿色设计等方法。其中，系统设计以系统总体效益为指导，系统分析产品全生命周期而获得综合绿色化产品；模块化设计可以缩短产品的制造周期，实现产品种类多样化，并减少对环境的附加影响和损害；基于产品生命周期的绿色设计方法贯穿产品全生命周期，将环境因素考虑在产品设计过程中，实现多领域、多学科的合作开发设计。

2.3.2 绿色生产

绿色生产是指在产品的毛坯制造、表面成形加工、材料改性处理、装配调试、检验检测等生产过程中，考虑物料流动、资源消耗、废物产生、能源消耗、对环境影响等问题，提出的绿色工艺规划与清洁生产技术。

（1）绿色制造工艺

绿色制造工艺是以传统工艺技术为基础，结合环境科学、能源科学、材料科学、控制技术等新技术的先进制造工艺技术，其目标是节约成本、降低环境污染、合理利用资源等。绿色制造工艺主要包括环境保护型制造工艺、能源节约型制造工艺、资源节约型制造工艺三种。绿色制造工艺创新主要体现在工艺、装备、车间等层面，如绿色铸造、绿色切削与磨削、制造装备绿色化、绿色生产车间等。典型绿色制造工艺有干切削工艺技术、增材制造、无铅制造工艺、绿色热处理工艺等。

（2）清洁生产

清洁生产是将综合预防的环境保护策略持续应用于生产过程与产品，采取整体预防的环境策略，可减少对人类及环境危害，同时满足人类需要，是使社会经济效益最大化的一种生产模式。清洁生产全过程控制主要包括节约原材料与能源、减少有毒材料数量和毒性两部分。对产品而言，清洁生产要求从原材料获取到产品最终处置过程中，尽可能减少环境影响。清洁生产的主要措施有实施产品绿色设计、实施生产过程控制、实施材料优化管理等内容。

2.3.3 绿色产品

绿色产品是指从生产、使用到回收的全过程都符合特定环境保护要求，对生态环境危害极少，以及利用资源再生或可以回收循环再用的产品。绿色产品具有环境友好性优良、最大限度地利用材料资源、最大限度地节约能源、安全与健康等内涵。

（1）绿色产品的生态环境指标

绿色产品的生态环境指标主要包括消耗类指标、排放类指标、生态类指标等。其中，消耗类指标主要有原材料成本消耗、辅助原材料与切削液成本消耗、加工设备成本消耗、工艺装备成本消耗、能源成本消耗等；排放类指标主要有噪声排放、废气废液排放、固体废物排放、职业安全健康影响评价等；生态类指标主要有原材料获取的资源与能源消耗、生态自净化能力等。

（2）绿色产品评价

绿色产品评价是指在整个产品生命周期内，采用科学评价方法对产品或产品制造方案进行绿色性、技术性、经济性等方面的择优排序和综合评价。绿色产品评价主要考虑基本要求、生态效益要求、经济效益要求、社会效益要求四方面。其中，基本要求是指产品基本性能，比如质量指标、功能属性、使用性能等；生态效益要求是指产品应该具有良好的生态和谐程度，比如节能减排、污染防治、资源和能源节约、辅助生态工程建设等；经济效益要求是指产品各类成本与造成环境污染所带来的社会治理费用，以及产品废气处置费用等；社会效益要求是指满足社会发展的需要，产品与社会和谐发展要协调一致。

2.4　消费者行为驱动的绿色制造服务智能决策体系

制造与服务融合形成制造服务，是产品概念的延伸。在制造与服务融合过程中充分考虑绿色性，并将服务化与绿色化融合就是绿色制造服务。以消费者行为研究绿色制造服务决策机制，以绿色制造研究绿色制造服务内涵，相互映射形成绿色制造服务决策体系。

2.4.1　制造服务

制造服务是服务企业、制造企业、终端用户在智能制造环境中围绕产品生产和提供服务进行的活动，主要表现为生产性服务关系和制造服务化关系两方面。服务企业向制造企业提供的制造服务，即对整个价值链上制造企业生产过程中的所有活动提供不同程度的服务，主要是生产性服务；制造企业向终端用户提供的制造服务，即对整个产业链上运作过程中与制造企业相关的价值增值活动提供的服务，主要是制造服务化。生产性服务关系和制造服务化关系共同促进制造与服务的融合。制造服务的核心在于管理创新，制造服务的内涵随着社会发展和技术进步不断扩展。制造服务基本概念体系如下[143-146]：

① 服务企业。服务企业是指提供中间性产品或服务的企业。服务企业的范畴应该限制在与制造企业具有生产性服务的企业中，其他企业除外。比如为制造企业提供零部件的配套企业、为手机制造企业提供外包加工配件的中间企业等。

② 制造企业。制造企业是从服务企业获得生产性服务支持、生产出最终性

产品或服务，并将最终性产品或服务提供给终端用户的企业。制造企业在生产性服务中获得原材料、信息服务、设计方案等，在制造服务化中提供物流服务、销售服务、维修服务等。作为制造服务的中枢连接起服务企业和终端用户，形成完整的商业生态系统，并且具有扩展性，不断融入信息化技术。

③ 终端用户。终端用户是制造企业的最终产品或服务的终端消费者，其在制造服务化中可获得更好的用户体验，包括从单纯产品使用到产品服务系统使用，并且可以获得个性化需求的满足。

④ 生产性服务。生产性服务是服务企业和制造企业之间形成的一种制造服务关系。服务企业提供中间性产品或服务，制造企业利用中间性产品或服务进行最终产品或服务的生产。

⑤ 制造服务化。制造服务化是制造企业和终端用户之间形成的一种制造服务关系。制造企业通过不断增强产品的服务特性来满足终端用户的个性化需求，最后形成产品服务系统。

2.4.2 绿色制造服务

绿色制造服务是基于绿色制造的制造服务，将制造服务化与绿色化高度融合，具有制造服务的一般特征，更重要的是将制造服务资源绿色化为绿色制造服务，通过工业互联网平台来运作绿色制造服务。绿色制造服务基本概念体系如下。

① 绿色制造服务。绿色制造服务是将绿色制造服务资源虚拟化为信息化软构件，发布在工业互联网上的 Web 服务，其内涵是 Web 服务背后的绿色制造服务活动，即绿色制造服务主体之间基于工业互联网的绿色制造服务关系。

② 绿色制造服务主体。绿色制造服务主体是指已经接入工业互联网环境中的服务企业、制造企业和终端用户（消费者、顾客）。随着企业信息化不断深入，实现了互联网络支持的服务企业、制造企业和终端用户可以通过智能终端接入工业互联网。

③ 绿色制造服务关系。绿色制造服务关系是指已经接入工业互联网的绿色制造服务主体之间基于绿色制造形成的生产性服务和制造服务化关系，其本质和制造服务关系无异。

2.4.3 基于消费者行为的绿色制造服务智能决策体系

在消费者行为驱动下，绿色制造服务智能决策主要包括绿色设计服务智能决策、绿色生产服务智能决策、绿色产品服务智能决策等内容。绿色制造服务智能决策是为绿色制造服务决策平台运作绿色制造服务过程中出现的各类问题提供消费者行为驱动的决策支持。

　　基于消费者行为的绿色制造服务智能决策体系主要包括基于消费者问题识别的绿色设计服务智能决策、消费者购买行为驱动的绿色生产服务智能决策、基于消费者满意度的绿色产品服务智能决策、绿色制造服务智能决策平台等内容。以绿色制造技术与消费者行为理论构建适合绿色制造服务智能决策的环境与平台，以消费者问题识别、消费者购买过程、消费者满意度刻画绿色制造服务决策机制，从支撑技术到机理分析，从行为模型到决策映射，本书提出较为完整的绿色制造服务智能决策体系。

　　消费者行为驱动的绿色制造服务智能决策体系，以服务企业、制造企业、终端用户等绿色制造服务主体的决策活动为目标，以基于消费者行为的生产性服务与制造服务化为方法，在多学科理论技术的支持下，解决了基于消费者问题识别的绿色设计服务决策、消费者购买行为驱动的绿色生产服务决策、基于消费者满意度的绿色产品服务决策等关键问题，为绿色制造服务产业的发展奠定基础。基于消费者行为的绿色制造服务智能决策体系如图 2.1 所示。

　　(1) 目标层

　　目标层是确定绿色制造服务智能决策的总体目标以及实现目标的平台。针对服务企业、制造企业、终端用户之间的业务往来，寻求产品与服务的最佳组合，将制造与服务相互渗透，为终端用户提供产品服务一体化方案，就是本次研究的总体目标。同时以绿色制造技术构建实现这一目标的绿色制造服务智能决策平台。

　　(2) 方法层

　　方法层包括确定绿色制造服务智能决策的主要方法以及方法依托的核心理论。针对服务企业、制造企业、终端用户之间的绿色制造服务活动，以生产性服务方法研究服务企业与制造企业之间的业务，以制造服务化方法研究制造企业与终端用户之间的业务，就是本次研究的主要方法。同时以消费者行为理论建立支持这一方法的绿色制造服务决策模式。

　　(3) 理论技术层

　　理论技术层是确定绿色制造服务智能决策的创新性理论与技术，是本次研究的主要结果。针对绿色制造服务决策的目标与方法，在基础理论技术支撑下进行研究，提出基于消费者问题识别的绿色设计服务智能决策、消费者购买行为驱动的绿色生产服务智能决策、基于消费者满意度的绿色产品服务智能决策、绿色制造服务智能决策平台等理论与技术。

　　绿色设计服务智能决策采用绿色制造服务问题识别与消费者问题实际状态映射模型，来构建绿色制造的消费者问题识别参考模型；从绿色设计角度研究工业

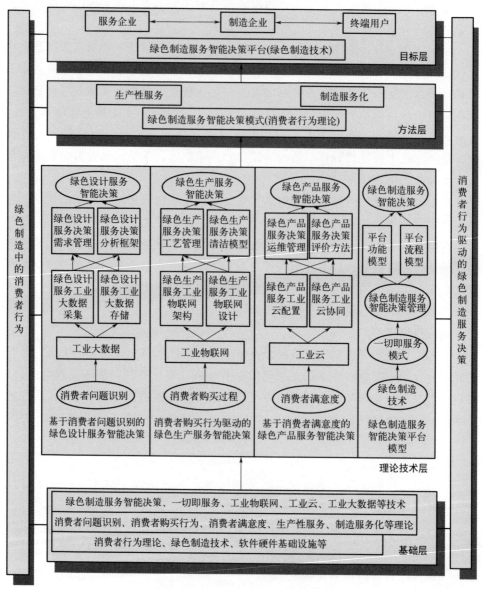

图 2.1 基于消费者行为的绿色制造服务智能决策体系

大数据感知，提出基于大数据的绿色设计服务工业大数据采集和工业大数据存储方法；通过对绿色设计服务决策需求管理和绿色设计服务决策分析框架的研究，提出基于消费者问题识别的绿色设计服务智能决策方法。

　　绿色生产服务智能决策采用绿色制造服务购买行为基本问题与消费者购买行为映射，来构建绿色制造的消费者购买过程参考模型；从绿色生产角度研究工业物联网方案，提出基于物联网的绿色生产服务工业物联网架构和工业物联网设计；通过对绿色生产服务决策的工艺管理和绿色生产服务决策清洁模型的研究，提出消费者购买行为驱动的绿色生产服务智能决策。

绿色产品服务智能决策采用绿色制造服务满意度测度与消费者绿色满意度映射，来构建绿色制造的消费者满意度参考模型；然后从绿色产品角度研究工业云架构，提出基于云计算的绿色产品服务工业云配置和工业云协同方法；通过对绿色产品服务决策运维管理和评价方法研究，提出基于消费者满意度的绿色产品服务智能决策方法。

绿色制造服务智能决策平台模型技术以绿色制造技术为基础，采用一切即服务模式进行绿色制造服务决策的管理平台建模，通过平台功能模型与平台流程模型研究，从平台管理角度实现绿色制造服务智能决策平台模型，产品模块与服务模块组合为制造服务系统来管理具体绿色制造服务运作。

(4) 基础层

基础层是确定绿色制造服务智能决策的基础性理论以及采用的核心技术。针对绿色制造服务智能决策的理论技术创新，提供基础性的现有研究成果，支持本项目具体研究，主要包括消费者行为理论、绿色制造技术、软件硬件基础设施等，涉及绿色制造服务智能决策、一切即服务、工业大数据、工业物联网、工业云等技术[147-173]，以及消费者问题识别、消费者购买行为、消费者满意度、生产性服务、制造服务化等理论。

2.5　本章小结

本章的主要研究内容有

① 综述了消费者行为理论。包括消费者问题识别、消费者购买过程、消费者满意度等。

② 综述了绿色制造技术相关背景。包括绿色设计、绿色生产、绿色产品等。

③ 在分析制造服务与绿色制造服务内涵的基础上，提出了基于消费者行为的绿色制造服务智能决策体系。

第**3**章

基于消费者问题识别的绿色
设计服务智能决策

3.1　引言

　　消费者问题识别为绿色设计服务提供重要参考。制造与服务融合使得产品与服务的界限逐渐模糊，消费者对产品或服务的识别是购买绿色制造服务的起点，只有通过消费者问题识别，才能够确定绿色制造服务的客观需求。绿色设计的需求分析往往与消费者问题识别存在巨大关联。从绿色设计服务角度看，消费者问题识别作用于绿色设计服务决策的各个方面，基于消费者问题识别的绿色设计服务决策能够实现绿色制造服务运作中的绿色设计服务分析决策。服务企业、制造企业、终端用户之间形成的绿色设计服务，借助于工业大数据环境进行运作，可以通过工业大数据采集和工业大数据存储实现绿色设计服务决策。

　　本章针对绿色设计服务决策，提出了一种基于消费者问题识别和工业大数据的绿色设计服务智能决策方法。该方法首先采用绿色制造服务问题识别与消费者问题实际状态映射模型，来构建绿色制造的消费者问题识别参考模型；然后从绿色设计角度研究工业大数据感知，提出了基于大数据的绿色设计服务工业大数据采集和工业大数据存储方法；最后通过对绿色设计服务决策的需求管理和绿色设计服务决策的分析框架的研究，提出了基于消费者问题识别的绿色设计服务智能分析决策方法。

3.2　绿色制造中的消费者问题识别

　　消费者行为在绿色制造中主要表现为消费者问题识别、消费者购买过程、消费者满意度这三种类型，绿色制造中的决策与这三种消费者行为密切相关，可以通过消费者行为的大数据分析来确定绿色制造中的决策问题。消费者问题识别是消费者在购买之前的决策活动，消费者通过对产品或服务的理想状态与实际状态的对比来决策是否购买。消费者问题识别与绿色设计服务存在内在联系，通过相互映射可以支持绿色制造服务决策。

3.2.1 消费者的绿色制造问题识别

消费者绿色制造问题识别是考查消费者购买动机问题。在消费者购买绿色制造服务之前，会更多考虑产品与服务的绿色性，消费者问题识别也会增加绿色因素。消费者绿色制造问题识别是指消费者意识到理想状态与实际状态存在差距而需要采取进一步行动。消费者绿色制造服务问题识别具体包含绿色设计问题、绿色生产问题、绿色产品问题等内容。

在绿色制造中，消费者作为终端用户与服务企业、制造企业形成一个商业生态系统，在资源低碳与环境生态约束下，绿色制造主要包含绿色设计、绿色生产、绿色产品等内容。绿色制造中的消费者问题识别的结果是消费者意识到某个问题之后是否采取行动以及采取何种行动的识别过程。首先，消费者追求的生活方式作为理想状态，消费者当前所处情境作为感知的实际状态；其次，消费者将理想状态与实际状态比较，确定差距；最后，以差距进行问题识别，如果差距为零则满意，如果理想状态超过实际状态，或者实际状态超过理想状态则问题被认知，完成问题识别并开始信息搜索。

根据消费者绿色制造问题识别的结果进行消费者绿色制造服务问题聚类，在绿色制造服务大数据与消费者信息来源大数据支持下将消费者绿色制造服务问题聚类。消费者问题识别中，消费者的生活方式和现在所处情境决定了其对实际状态的识别，导致问题识别的是消费者对实际状态的感知，实际状态超越理想状态也会激发或导致问题识别。消费者的绿色制造问题识别参考模型如图3.1所示。

(1) 消费者的绿色设计问题识别

消费者的绿色设计问题识别对绿色设计涉及的关键步骤进行抽象定义，将消费者问题识别与绿色设计相互映射，绿色设计从绿色设计目标、绿色设计策略、绿色设计方案、绿色详细设计、绿色优化设计等方面进行聚类，以此来映射消费者需求。消费者绿色设计服务问题识别是指消费者对产品或服务问题识别中与绿色设计相关问题，大部分问题集中体现在设计阶段，通过改善绿色设计可以大幅度提高消费者问题识别程度。

消费者的绿色设计问题识别通过消费者绿色设计问题聚类确定了具体问题，比如绿色需求问题、绿色选材问题、产品结构问题、环境生态问题、资源低碳问

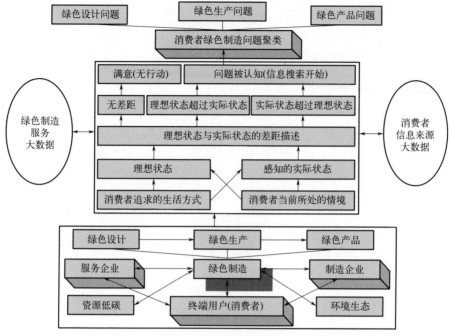

图 3.1　消费者的绿色制造问题识别参考模型

题等。绿色设计的消费者问题识别侧重于产品与服务的消费者需求。

　　根据消费者的绿色制造问题识别参考模型，消费者绿色设计问题识别是对绿色设计的实际状态感知，并与理想状态对比的过程。消费者以理想状态为标准，感知产品或服务的实际状态，并比较实际状态与理想状态的差距，确定设计问题，以此来决策消费者绿色设计问题。消费者的绿色设计问题识别如图 3.2 所示。

（2）消费者的绿色生产问题识别

　　消费者的绿色生产问题识别对绿色生产涉及的关键步骤进行抽象定义，将消费者问题识别与绿色生产相互映射，绿色生产从绿色工厂、绿色材料、绿色工艺、绿色加工、绿色装配等方面进行聚类，以此来映射消费者需求。生产阶段的消费者绿色生产服务问题识别集中在产品质量与绿色性能方面，需要改善绿色生产的工艺，提高企业智能化水平，以此来提高消费者绿色生产服务问题识别程度。

　　消费者的绿色生产问题识别通过消费者绿色生产问题聚类确定了具体问题，比如企业资源问题、绿色工厂问题、绿色材料问题、产品低碳问题、产品生态问题等。绿色生产的消费者问题识别侧重于产品生产与服务实施。

　　根据消费者的绿色制造问题识别参考模型，消费者绿色生产问题识别是通过对绿色生产的实际状态感知，与理想状态对比的过程。消费者以理想状态为

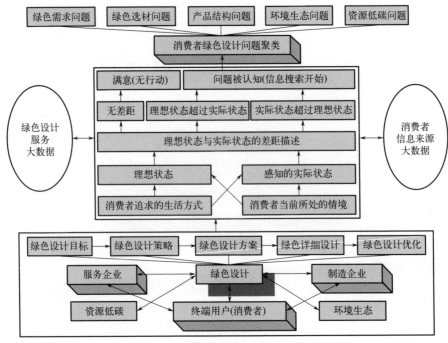

图 3.2　消费者的绿色设计问题识别

标准，感知产品或服务的实际状态，消费者比较实际状态与理想状态的差距，确定生产问题，以此来决策消费者绿色生产问题。消费者的绿色生产问题识别如图 3.3 所示。

(3) 消费者的绿色产品问题识别

消费者的绿色产品问题识别对绿色产品涉及的关键内容进行抽象定义，将消费者问题识别与绿色产品相互映射，对绿色产品从绿色产品检测、绿色产品交付、绿色产品使用、产品售后服务、绿色产品再制造等方面进行聚类，以此来映射消费者需求。消费者绿色产品服务问题在产品购买和产品使用阶段同样十分重要，通过改善绿色产品服务可以提高消费者绿色生产服务问题识别能力。

消费者的绿色产品问题识别通过消费者绿色产品问题聚类确定了具体问题，比如绿色包装问题、绿色物流问题、绿色销售问题、绿色运维问题、绿色回收问题等。绿色产品的消费者问题识别侧重于产品品质与服务质量。

根据消费者的绿色制造问题识别参考模型，消费者绿色产品问题识别是对绿色产品进行实际状态感知、与理想状态对比的过程。消费者以理想状态为标准，感知产品或服务的实际状态，消费者比较实际状态与理想状态的差距，确定产品问题，以此来决策消费者绿色产品问题。消费者的绿色产品问题识别如图 3.4 所示。

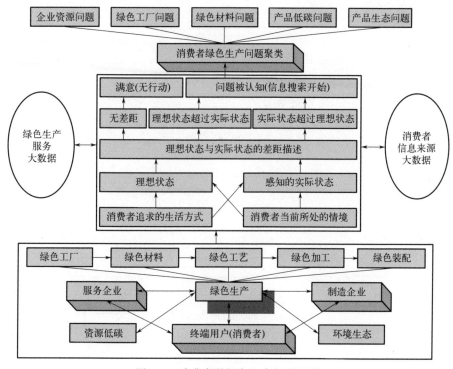

图 3.3　消费者的绿色生产问题识别

3.2.2　绿色制造问题识别过程

　　绿色制造问题识别是基于消费者绿色制造的多源大数据决策的，多源大数据主要包括消费者绿色设计大数据、消费者绿色生产大数据、消费者绿色产品大数据三方面。在此基础上，从消费者追求的生活方式与消费者当前所处情境两方面分析绿色制造问题的识别过程。

（1）消费者绿色制造信息来源大数据

　　消费者绿色制造信息来源大数据是绿色制造问题识别的基础，通过绿色制造服务大数据和消费者信息来源大数据支持绿色制造服务的产品满意度和绿色制造问题识别。消费者绿色制造的多源大数据主要包括消费者绿色设计大数据、消费者绿色生产大数据、消费者绿色产品大数据三类。

　　其中，消费者绿色设计大数据主要包括绿色设计目标大数据、绿色设计策略大数据、绿色设计方案大数据、绿色详细设计大数据、绿色优化设计大数据等内容；消费者绿色生产大数据主要包括绿色工厂大数据、绿色材料大数据、绿色工艺大数据、绿色加工大数据、绿色装配大数据等内容；消费者绿色产品大数据主要包括绿色产品检测大数据、绿色产品交付大数据、绿色产品使用大数据、产品

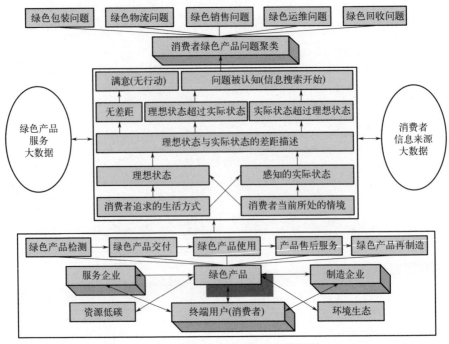

图 3.4　消费者的绿色产品问题识别

售后服务大数据、绿色产品再制造大数据等内容。消费者绿色制造信息来源大数据如图 3.5 所示。

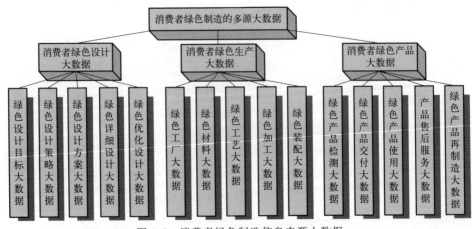

图 3.5　消费者绿色制造信息来源大数据

(2) 消费者追求生活方式驱动的绿色制造问题识别

消费者追求生活方式驱动的绿色制造问题识别以消费者绿色制造的多源大数据为基础，确定消费者追求生活方式，从享乐型、普通型、节约型三方面定义生活方式。消费者追求生活方式驱动问题识别，问题识别的影响因素主要包括时间、环境改变、产品获取、产品消费、个体差异等。

根据消费者追求生活方式，确定消费者绿色制造服务问题，基于消费者生活方式的绿色制造问题识别方法主要包括发现消费者问题和激发消费者认识两方面。发现消费者问题即绿色消费生活方式分析，主要包含绿色制造情绪研究、绿色制造活动分析、绿色制造产品分析、绿色制造问题分析、绿色制造人体因素研究等内容；激发消费者认识即引导绿色消费生活方式，主要包含激发绿色制造问题认识方法、绿色制造问题认识时机、一般性绿色制造问题识别、选择性绿色制造问题识别等内容。消费者追求生活方式驱动的绿色制造问题识别如图 3.6 所示。

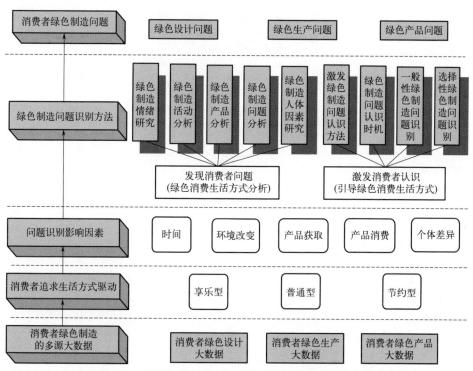

图 3.6　消费者追求生活方式驱动的绿色制造问题识别

（3）消费者当前所处情境驱动的绿色制造问题识别

消费者当前所处情境驱动的绿色制造问题识别以消费者绿色制造的多源大数据为基础，确定消费者当前所处情境，从逆境型、正常型、顺境型三方面定义所处情境。消费者当前所处情境驱动问题识别的影响因素主要包括时间、环境改变、产品获取、产品消费、个体差异等。

根据消费者当前所处情境，确定消费者绿色制造服务问题，基于消费者当前所处情境的绿色制造问题识别方法主要包括发现消费者问题和激发消费者认识两种。发现消费者问题即当前所处情境的绿色消费分析，主要包含绿色制造情绪研究、绿色制造活动分析、绿色制造产品分析、绿色制造问题分析、绿色制造人体因素研究等内容；激发消费者认识即应对所处情境的绿色消费分析，主要包含激发绿色制造问题认识方法、绿色制造问题认识时机、一般性绿色制造问题识别、选择性绿色制造问题识别等。消费者当前所处情境驱动的绿色制造问题识别如图 3.7 所示。

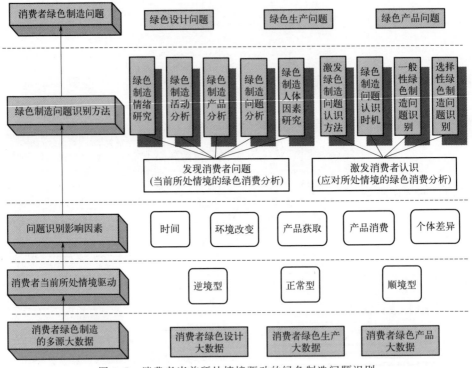

图 3.7　消费者当前所处情境驱动的绿色制造问题识别

3.2.3　绿色制造问题识别建模

绿色制造问题识别建模是以消费者绿色制造问题的理想状态建模为基础，并建立消费者绿色制造问题的实际状态映射模型，同时建立消费者绿色制造问题的聚类模型。绿色制造问题识别是状态映射与问题聚类的统一过程。

（1）消费者绿色制造问题的理想状态建模

消费者绿色制造问题的理想状态建模包括消费者追求生活方式的理想状态和消费者当前所处情境的理想状态两方面。消费者追求生活方式的理想状态模型对应消费者绿色制造问题的生活方式理想状态指标集，消费者当前所处情境的理想状态模型对应消费者绿色制造问题的当前情境理想状态指标集。

其中，消费者绿色制造问题的生活方式理想状态指标集主要包括个性化定制、产品质量满意、产品服务满意、制造服务智能便捷、制造服务绿色环保等内容；消费者绿色制造问题的当前情境理想状态指标集主要包括购买时间适合、产品质量满意、产品服务满意、产品价格合理、购买情境符合、消费预期满足等内容。消费者绿色制造问题的理想状态模型如图 3.8 所示。

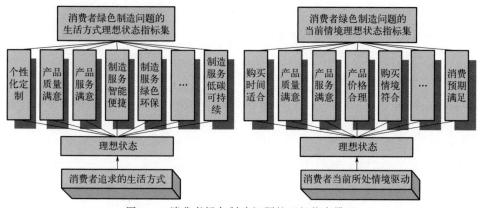

图 3.8　消费者绿色制造问题的理想状态模型

（2）消费者绿色制造问题的实际状态映射模型

消费者绿色制造问题的实际状态映射是将绿色制造问题的实际状态转换为消费者绿色制造问题实际状态指标数据的过程。消费者绿色制造问题实际状态指标数据与理想状态指标相同，也是从消费者追求生活方式和消费者当前所处情境两方面来定义。绿色制造问题实际状态数据与绿色制造问题实际状态指标数据之间是一对一的映射关系，需要通过具体策略来制定映射算法。

消费者绿色制造问题的实际状态映射是将理想状态指标集与实际状态指标数据进行比较，确定差距，以差距为基础来判断问题识别。有三种情况：一是指标无差距则消费者满意无行动；二是指标差距为负，以实际状态映射算法来确定问题，实现问题识别；三是指标差距为正，以理想状态映射算法来确定问题，实现问题识别。消费者绿色制造问题的实际状态映射模型如图 3.9 所示。

（3）消费者绿色制造问题的聚类模型

消费者绿色制造问题的聚类模型包括聚类目标和聚类算法两部分内容。聚类模型的聚类目标主要包括绿色设计问题、绿色生产问题、绿色产品问题等内容。其中，绿色设计问题包括绿色需求问题、绿色选材问题、产品结构问题、环境生态问题、资源低碳问题；绿色生产问题包括企业资源问题、绿色工厂问题、绿色材料问题、低碳加工问题、生态装配问题；绿色产品问题包括绿色包装问题、绿色物流问题、绿色销售问题、绿色运维问题、绿色回收问题。

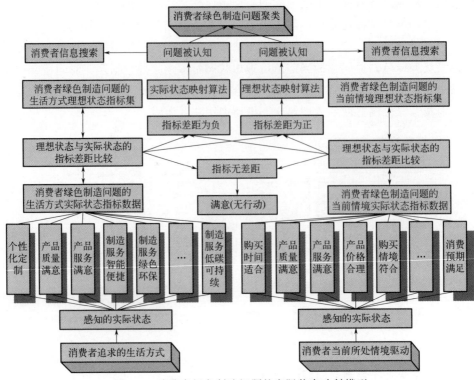

图 3.9　消费者绿色制造问题的实际状态映射模型

消费者绿色制造问题聚类模型的聚类算法主要包括 k 均值聚类算法、层次聚类算法、自组织映射聚类算法、模糊聚类算法、支持向量机算法、人工神经网络算法等。该模型是以消费者满意机制驱动绿色满意度评价，以绿色满意度测度定量分析满意程度；以绿色制造服务大数据、聚类目标、聚类算法支持聚类过程，在聚类过程中调用聚类算法。消费者绿色制造问题的聚类模型如图 3.10 所示。

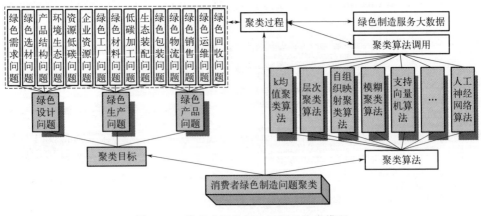

图 3.10　消费者绿色制造问题的聚类模型

3.3　绿色设计服务的工业大数据感知

绿色设计服务是绿色制造服务各类设计活动的集合，设计活动需要海量数据与知识的交互，通过工业大数据可以提供绿色设计活动需要的各类数据。工业大数据感知是支撑绿色设计服务的核心技术，主要包括工业大数据采集和工业大数据存储两部分。通过对分布式、多来源的大数据进行采集与存储，为绿色设计活动的工业大数据分析提供支撑，进一步实现基于工业大数据的绿色设计服务决策。

3.3.1　绿色设计服务的工业大数据

绿色设计服务的工业大数据是指绿色设计服务参与者在设计过程中的相关数据，包括各种交互历史数据、设计方案修改数据、绿色特性测量数据等，这些工业大数据在设计追溯过程中至关重要，是设计知识的主要来源。绿色设计服务提供产品设计与服务设计两方面业务，产品设计相关数据组成产品全生命周期大数据，服务设计相关数据组成服务全生命周期大数据，两组数据相互映射组成绿色设计服务大数据的核心部分。

（1）绿色设计服务的工业大数据类型

绿色设计服务的工业大数据需要分类处理，每种类型的大数据分析决策方法差异较大，同时数据来源也不尽相同。绿色设计服务大数据主要包括用户需求大数据、设计知识大数据、绿色要素大数据、设计协同大数据四类。这四类数据支撑绿色设计服务的分析决策。

用户需求大数据是将消费者问题识别相关数据映射为消费者需求，反映消费者购买愿景，是绿色设计的立足点和出发点。用户需求大数据主要包括材料需求大数据、质量需求大数据、绿色需求大数据、个性定制大数据、服务需求大数据等内容。

设计知识大数据是为绿色设计进行知识推送的支持数据，以知识管理进行知识发现、知识表达、知识推送。设计知识大数据主要包括显性知识大数据、隐性知识大数据、产品重用大数据、服务规划大数据、设计方法大数据等。

绿色要素大数据是绿色设计过程中考虑低污染、低能耗、低排放等绿色环保因素的设计数据，是绿色设计的重要内容。绿色要素大数据主要包括生态约束大数据、生态效益大数据、低碳生产大数据、绿色环境大数据、绿色资源大数据等内容。

设计协同大数据是在绿色设计过程中设计者与消费者以及设计参与者之间交

互讨论设计方案的历史数据，以及专家建议和设计外包等数据。设计协同大数据主要包括企业协同大数据、用户协同大数据、过程协同大数据、学科协同大数据、协同优化大数据等。

绿色设计服务的工业大数据类型如图 3.11 所示。

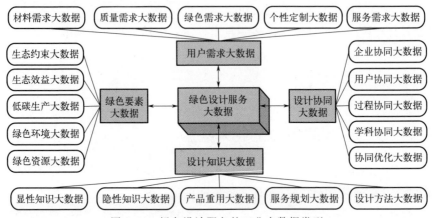

图 3.11　绿色设计服务的工业大数据类型

（2）绿色设计服务的工业大数据架构

绿色设计服务的工业大数据架构是以元数据与主数据来表示的。元数据是描述数据的数据，主要描述数据属性信息；主数据以产品为主导，是系统中共享的数据。元数据分为业务元数据与技术元数据两种，业务元数据顶层表示为主题域，技术元数据顶层表示为技术开发域。元数据获取与管理方式主要分为集中式管理与分布式管理两类。主数据管理通过共享平台实现对核心主数据的统一规范及编码，并制定主数据规则，比如构建主数据字典与制定主数据校验规则。

绿色设计服务的工业大数据架构依赖于数据生命周期和数据质量，数据生命周期是指数据计划、规范定义、开发上线、创建获取、维护使用、归档恢复、数据清除等过程，数据质量是基于数据生命周期建立数据管控，进行数据治理，获得高质量的数据。

绿色设计服务的数据质量管理流程为：首先，分析数据标准规范，建立需求和标准的映射；其次，定义设计数据模型，并依据业务需求设计系统模型；然后，实现系统建设的元数据管理，检查元数据是否符合规范；最后，对数据传输的各个环节进行质量监控和检查，并在系统发生变更时协同变更。

绿色设计服务的工业大数据架构规划过程本质是设计过程，其架构原则包括灵活性原则、高效性原则、可扩展原则等，工业大数据架构具有全局性、基础性特征，对于统一核心业务概念与规范数据模型作用巨大。绿色设计服务的工业大数据架构主要包含数据基础、数据定义、数据管理、数据应用等方面。

　　绿色设计服务的工业大数据架构如图 3.12 所示。其中，数据基础主要有数据标准、数据质量、数据安全等内容；数据定义描述业务对象机器关系、分析、模型、特性、约束、规则等内容；数据管理描述规划中数据管控组织与数据维护等内容；数据应用提供绿色设计服务的数据服务，比如主数据应用、绿色设计业务、决策主题分析等内容。

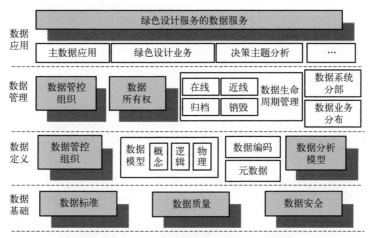

图 3.12　绿色设计服务的工业大数据架构

(3) 绿色设计服务的工业大数据模型

　　工业大数据应用遵守原则有业务前瞻性、应用企业化、系统平台化、系统整合化、适度松耦合等，其参考模型包括对应企业纵向层的应用系统和基于大数据技术的系统功能两部分，前者包含信息物理系统层与管理信息系统层两部分，后者包含数据采集、数据存储、数据处理、数据分析、应用可视化等功能。

　　绿色设计服务的工业大数据模型主要包括绿色设计服务数据源、绿色设计服务大数据技术、绿色设计服务组件、绿色设计服务应用等内容。绿色设计服务大数据技术层是核心层，包含数据服务、数据计算、数据集成、数据存储、安全管理、配置管理等功能，其中数据集成与数据存储相互映射，共同支撑数据服务与数据计算。

　　绿色设计服务的工业大数据模型如图 3.13 所示。其中，绿色设计服务数据源主要包括用户需求大数据、设计知识大数据、绿色要素大数据、设计协同大数据等内容；绿色设计服务大数据技术实现工业大数据架构；绿色设计服务组件包括分析组件、可视化组件、业务组件、报表报告组件四部分；绿色设计服务应用有产品结构设计、产品材料选择、产品环境性能设计、产品资源性能设计、绿色服务设计、产品服务一体化等功能。

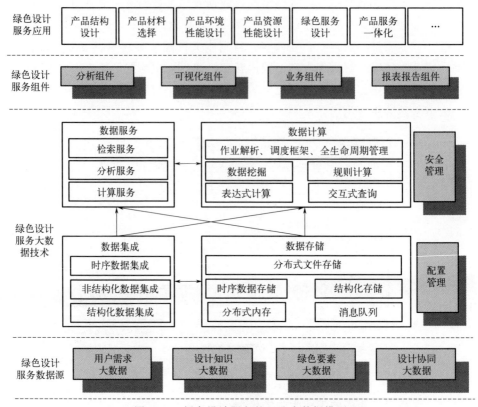

图 3.13　绿色设计服务的工业大数据模型

3.3.2　绿色设计服务的工业大数据采集

　　绿色设计服务的工业大数据感知主要包括工业大数据采集和工业大数据存储两部分。工业大数据采集是通过工业物联网来实现的，工业物联网以物联网与传感器技术将绿色设计服务中的服务企业、制造企业、终端用户资源连接，集中获取与处理各类实时数据。工业物联网在制造物联模式下已经具有成熟的技术条件，可以支持制造场景的大数据感知，也可以满足服务场景的大数据感知。在工业物联网环境中，绿色设计服务大数据能够实现多源采集、分布处理、实时传递，进而提升制造业信息化水平。

　　工业大数据提供强大的大数据采集环境，能提取制造企业、服务企业、终端用户的各类业务实时数据，获取生产过程与服务过程的感知信息。在大数据分析与决策中，工业大数据也提供大数据清洗与转换功能，将采集数据映射变换，统一数据格式，进而协同管理大数据。绿色设计服务大数据是通过工业物联网感知多源数据、对比存储模式、转换数据格式、对实时数据优化结构，实现大数据采集。

　　绿色设计服务的工业大数据采集在传感器设计基础上进行采集与处理，采用 RFID 标签与读写器提取生产大数据、采用 GPS 环境与定位服务器提取服务大数据、采用各类传感器与电子看板提取生产大数据，在工业互联网环境下，通过应用程序接口与硬件设备接口获取绿色设计服务大数据。作为大数据分析与决策的重要基础，大数据采集的主要任务是设计好各类传感器，提供面向主题的大数据分析感知方法。绿色设计服务的工业大数据采集流程如图 3.14 所示。

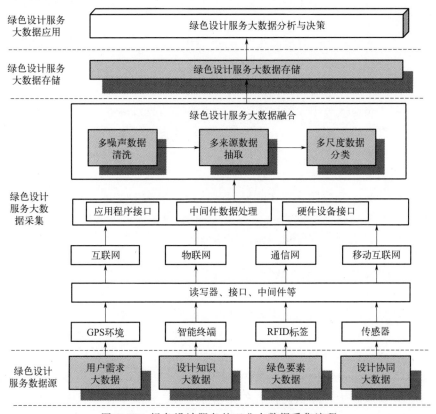

图 3.14　绿色设计服务的工业大数据采集流程

（1）绿色设计服务大数据应用

　　绿色设计服务大数据感知在应用层，以工业云平台管理制造服务运作：将制造企业应用的大数据集中分类存储，在绿色设计服务中调用；将服务企业应用的大数据集成聚类存储，在绿色设计服务中调用；将终端用户应用的大数据协同关联存储，在绿色设计服务中调用。

　　同时，以工业大数据决策算法库支持制造企业、服务企业、终端用户的各类决策，针对每个问题的决策设计变量参数，建立数学模型，设计求解算法，优化解集方案，并将新的决策算法入库。

(2) 绿色设计服务大数据存储

绿色设计服务大数据感知在存储层进行大数据存储。大数据存储是在大数据采集与处理基础上，进行分别存储。首先根据制造与服务融合业务需求，设计各类大数据的存储组织结构；然后确定各类数据的属性；最后通过工业云组织大数据存储与调用。

(3) 绿色设计服务大数据采集

绿色设计服务大数据感知在采集层进行大数据采集与存储。大数据采集是以传感器技术将连通的制造服务主体特定数据设计感知方式与感知系统，对硬件资源通过 RFID 等工具标识、提取原始数据，然后进行数据清洗与转换，将多源复杂数据统一格式，映射为工业云调用的制造服务大数据。大数据采集以应用程序接口与硬件设备接口传递数据，以中间件数据处理管理多源复杂数据。比如汽车行业的分布式企业通过工业物联网以及移动终端，将汽车零部件服务企业、汽车制造企业、汽车终端用户的相关大数据采集，在安全保护个人信息的前提下进行数据处理，作为大数据分析决策的依据。

(4) 绿色设计服务数据源

绿色设计服务大数据感知在数据源层将用户需求大数据、设计知识大数据、绿色要素大数据、设计协同大数据等接入网络。绿色设计服务源数据具有实时性、分布式、多源性、智能化、绿色化特性。

3.3.3　绿色设计服务的工业大数据存储

绿色设计服务的工业大数据感知的另一个问题是存储，存储问题是通过工业云来解决的。云计算平台针对各个行业或者区域提供大型存储设施，将绿色设计服务过程的海量数据分类存储，并进行管理。工业云在云制造模式下已经具有成熟的技术条件，可以支持制造场景的大数据存储，也可以满足服务场景的存储需求。在工业云环境中，绿色设计服务大数据能够实现海量存储、实时共享、数据集成，进而促进制造业升级改造。

工业云作为绿色设计服务的顶层，可提供强大的大数据存储环境，管理制造企业、服务企业、终端用户的各类业务，获取生产过程与服务过程的实时数据。在大数据分析与决策中，工业云也提供大数据传递与计算功能，将存储数据频繁调用，统一存储格式，进而共享规范大数据。绿色设计服务大数据是通过工业云存储空间赋予数据权重、对历史数据优化存储，进而实现更新与管理。

绿色设计服务大数据存储在云端，在大数据采集的基础上，进行数据处理。针对产品、服务、生产、顾客等数据设计数据结构与存储方案，以数据库技术改善大数据优化存储，在工业云的技术支撑下实现绿色设计服务大数据存储。作为大数据分析与决策的重要基础，大数据存储的主要任务是设计好各类数据的组织结构，提供面向主题的大数据分析存储方法。绿色设计服务的工业大数据存储如图 3.15 所示。

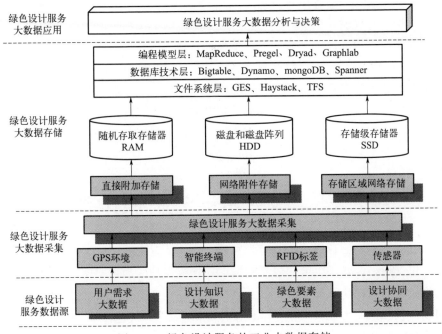

图 3.15　绿色设计服务的工业大数据存储

(1) 绿色设计服务大数据应用

绿色设计服务大数据感知在应用层，以工业云平台管理制造服务运作：将制造企业应用的大数据集中分类存储，在绿色设计服务中调用；将服务企业应用的大数据集成聚类存储，在绿色设计服务中调用；将终端用户应用的大数据协同关联存储，在绿色设计服务中调用。同时，以工业大数据决策算法库支持制造企业、服务企业、终端用户的各类决策，针对每个问题的决策设计变量参数，建立数学模型，设计求解算法，优化解集方案，并将新的决策算法入库。

(2) 绿色设计服务大数据存储

绿色设计服务大数据感知在存储层进行大数据存储。大数据存储是在大数据采集与处理基础上进行分别存储。首先根据制造与服务融合业务需求，设计各类大数据的存储组织结构，比如存储产品数据、服务数据、生产数据、顾客数据等。然后确定各类数据的属性，比如服务数据属性有服务参数、服务进程、服务反馈等，数据属性可以更改。最后通过工业云组织大数据存储与调用。比如在汽车行业的制造与服务融合大数据存储中针对汽车零部件企业、汽车制造企业、汽车终端用户的实时数据通过各类感知设备采集到制造服务主体边缘，在分类识别之后根据存储规则，将知识性数据上传到工业云，对事务性数据在本地进行边缘计算，定期进行历史数据挖掘、获取有用信息并上传到工业云。在 5G 环境中可以大幅度提升大数据处理速度，且不影响各类大数据的随时调取与分析。

(3) 绿色设计服务大数据采集

绿色设计服务大数据感知在采集层以 RFID 技术管理制造与服务数据，将制造企业的生产资源连接，共享生产大数据；将服务企业的服务资源连接，共享服务大数据；将终端用户的产品资源连接，共享产品大数据。

(4) 绿色设计服务数据源

绿色设计服务大数据感知在数据源层将用户需求大数据、设计知识大数据、绿色要素大数据、设计协同大数据等接入网络。绿色设计服务源数据具有实时性、分布式、多源性、智能化、绿色化特性。

3.4 绿色设计服务智能分析决策框架

绿色设计服务的智能分析决策为服务企业、制造企业、终端用户的设计活动提供知识支持，在各类决策问题的建模中，规范设计活动主要模式，然后针对每个具体决策问题构建求解方法，以大数据决策基础理论建立求解算法，结合消费者问题识别和工业大数据来建立绿色设计分析决策框架。基于消费者问题识别的绿色设计服务智能分析决策主要包括绿色设计服务决策的需求管理和绿色设计服务智能决策的分析框架两部分。

3.4.1 基于消费者问题识别的绿色设计服务智能分析决策

绿色设计服务内涵丰富，涉及绿色制造服务的全生命周期，并遵循资源最佳利用、能量消耗最少、零污染、零损害、生态经济效益最佳等原则，服务内容包括绿色设计目标、绿色设计策略、绿色设计方案、绿色详细设计、绿色设计优化等方面。

绿色设计服务智能决策主要包括绿色需求设计服务智能决策、绿色选材设计服务智能决策、产品结构设计服务智能决策、环境生态设计服务智能决策、资源低碳设计服务智能决策等内容。绿色设计服务智能决策的关键在于确定决策主题，决策主题可以根据消费者行为来制定。消费者购买绿色制造服务的首要行为是明确为什么买、买什么、卖多少、何时购买、何处购买、如何购买等问题，统称为消费者问题识别。可以结合绿色设计服务决策对应消费者问题进行聚类。

基于消费者问题识别的绿色设计服务智能决策过程从消费者购买行为出发。首先，以绿色设计服务大数据与消费者信息来源大数据为基础进行消费者问题识别，就是针对消费者生活方式或当前情境提出理想绿色制造服务，感知实际绿色制造服务，寻找差距、确定问题，并进行消费者问题聚类；其次，将各类消费者问题映射为绿色设计服务决策主题，并限定决策范围；最后，通过工业互联网环境支持绿色设计服务智能决策，包括根据决策主题建立决策模型、设置决策优化目标、设计决策算法等。

　　基于消费者问题识别的绿色设计服务智能分析决策如图 3.16 所示。其中，绿色需求设计服务智能决策是根据绿色需求问题制定需求规格表，对照企业资源进行需求管理，决策绿色设计目标；绿色选材设计服务智能决策是根据绿色选材问题制定采购物料表，确定绿色材料，决策绿色详细设计；产品结构设计服务智能决策根据产品结构问题制定产品结构方案与服务规划，决策绿色设计策略、绿色设计方案、绿色设计优化等；环境生态设计服务智能决策根据环境生态问题制定生态设计方案，决策绿色设计优化等；资源低碳设计服务智能决策根据资源低碳问题制定资源低碳设计方案，决策绿色优化设计等。

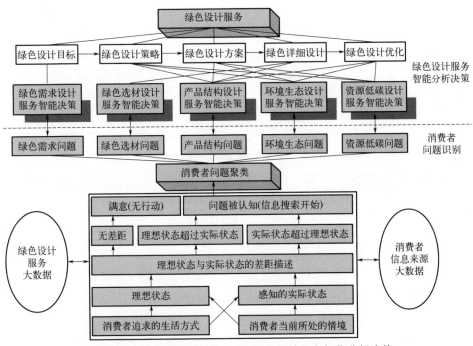

图 3.16　基于消费者问题识别的绿色设计服务智能分析决策

3.4.2　绿色设计服务智能决策的需求管理

　　绿色设计服务智能决策依赖于消费者问题识别，就是绿色制造服务设计要与消费者需求相匹配，而消费者需求往往比较模糊，不能直接适应设计，需要绿色设计服务作为中介，核心内容之一就是需求分析。在绿色设计服务决策中将需求分析定义为优化决策需求管理，为确定决策分析框架提供重要参考。优化决策需求管理通过对绿色设计服务进行低碳设计与生态设计，实现对产品与服务的绿色化。绿色设计服务决策的需求管理主要包括需求管理系统与需求分析服务两部分。其中，需求管理系统由需求分析、消费者需求、消费者最终目标、期望的服务结果、具体的服务要求等组成；需求分析服务主要包括需求收集、需求整理、需求识别、需求预测、消费者需求细分、消费者需求形式化表达等服务。绿色设计服务智能决策的需求管理如图 3.17 所示。

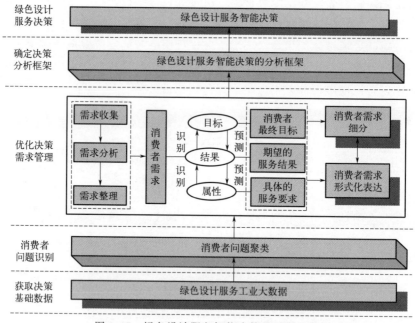

图 3.17 绿色设计服务智能决策的需求管理

(1) 优化决策需求管理

绿色设计服务决策的需求管理是以消费者为中心，将消费者未被满足的需求及潜在的需求通过企业努力，将其转化为现实的消费行为的过程。需求管理主要分为三个层次：充分了解消费者需求、不断适应消费者需求、主动诱导消费者需求。利用工业大数据分析与消费者问题识别机制的综合分析系统，建立各类消费者的需求分析决策机制，优化绿色设计服务需求分析，支持绿色设计服务决策分析。

绿色设计服务智能决策需求管理具体为：首先，通过工业大数据支持需求收集与需求整理，最大限度地获取消费者大数据；其次，结合消费者问题识别与消费者需求，确定需求目标、需求属性、需求结果等；最后，进行消费者需求细分与消费者需求形式化表达，优化绿色设计服务智能决策。

绿色设计服务决策需求管理的需求形式化表达主要有模糊语言表达、本体表达、petri 网表达等方式。下面以模糊语言表达为例阐述需求形式化表达。在消费者问题识别阶段，模糊语言更符合消费者行为习惯，以绿色制造服务为对象设计时，消费者更多地采用模糊语言来表达产品与服务需求，一般的模糊语言处理方法为将消费者的模糊语言分为不同类型，再采用合适的处理方法。比如，结构化的二元型与选项型需求采用选择处理，结构化的参数型需求采用赋值处理，半结构化的描述型需求采用模糊语言处理，非结构化的解释型需求采用转化处理等。

(2) 绿色设计服务智能决策需求管理的需求分析

绿色设计服务决策需求管理的需求分析是为实现绿色制造服务设计而与消费者深入沟通，确定产品与服务的基本功能。需求分析包括产品需求与服务需求，其中产品需求是绿色设计的核心任务，需要根据产品的基本功能与技术要求以模块化方法设计产品结构树，进而设计具体的产品零部件模块。在设计过程中依靠智能工厂的支撑进行可拆卸设计、重用设计、智能设计等。

绿色设计服务决策需求管理的需求分析也包括服务需求分析，服务需求具有模糊性、动态性、多样性、相似性、周期性等特点。服务需求的模糊性是指在服务领域消费者不能准确描述服务需求，经常会用一些模糊语言来表达，比如稍微、大约、尽快等，这是因为服务是无形的；服务需求的动态性是指服务需求是变化的，同一服务需求在产品生命周期的不同阶段表现形式不同，或者消费者提出需求缺乏对服务属性的认识；服务需求的多样性是指不同的消费者具有不同的个性化需求，同时不同消费者有着不同的表达形式；服务需求的相似性是大批量定制分析的重要内容；服务需求的周期性是指消费者特定需求会周期性出现。

(3) 绿色设计服务智能决策需求管理的需求细分

绿色设计服务决策需求管理的需求细分是将消费者需求细分为需求目标层、需求结果层、需求属性层三层。其中，绿色设计服务决策的需求目标层是消费者购买产品服务的根本动机，此需求具有隐蔽性，难以直接获取；绿色设计服务决策的需求结果层是表示消费者对制造企业所提供绿色制造服务的主观体验，结果层受到目标层需求的支配和影响，同时结果层的消费者需求与目标层需求之间存在关联；绿色设计服务决策的需求属性层表示服务企业提供产品服务的性能与属性，也是消费者从产品服务中获得的最直接的性能，比如时效价值需求、安全价值需求、柔性价值需求、可信价值需求、社会价值需求、经济价值需求等。

3.4.3 绿色设计服务智能决策的分析框架

基于消费者问题识别的绿色设计服务决策中问题分析应用最为广泛。在产品或服务的设计阶段，消费者与设计者之间对绿色制造服务的认识不一致，需要通过问题分析来形成共识。绿色设计服务决策分析是以消费者问题识别为基础，在工业大数据环境中进行特定绿色设计服务的分析过程，并在绿色因素影响下逐渐确定消费者问题，将消费者问题聚类之后进行需求管理，建立消费者问题与绿色制造服务需求之间的映射关系。绿色设计服务智能决策的分析框架如图 3.18 所示。

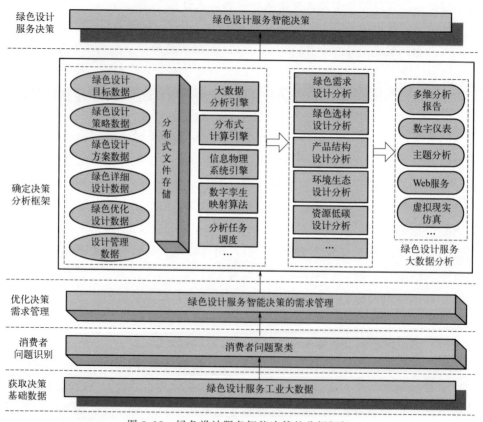

图 3.18　绿色设计服务智能决策的分析框架

(1) 确定决策分析框架

绿色设计服务智能决策的框架是将绿色设计面对的主要问题分门别类建立问题类别库，并对每一类问题提供分析方法以及需要的领域知识，以此为基础构建绿色设计服务决策的分析框架。在实践中不断完善分析框架，改善分析框架的合理性与完整性。

绿色设计服务智能决策的分析框架具体为：将绿色设计过程所涉及的各类数据集中管理，通过分布式文件存储，在参与者之间共享数据，通过工业大数据支持设计活动的知识支持。首先，感知绿色设计服务需要的各类工业大数据，以分析框架进行采集与存储；然后，以工业大数据分析工具进行各个主题的决策分析，考虑消费者问题聚类与绿色设计服务的需求管理，完成不同类别问题分析；最后，根据分析算法与分析标准，从工业大数据系统输出分析报告。

绿色设计服务决策的目的是获得绿色制造服务的总体方案，以分析结果支持绿色设计过程。在设计中遇到的基本问题都可以通过绿色设计服务决策获得帮助，设计问题的复杂性使得绿色设计服务决策不可能面面俱到，因此要分门别类来分析，在分析框架内获得支持。

（2）绿色设计服务分析智能决策的核心内容

绿色设计服务分析智能决策的核心内容主要包括绿色需求设计分析、绿色选材设计分析、产品结构设计分析、环境生态设计分析、资源低碳设计分析等方面内容。其中，绿色需求设计分析是对绿色制造服务的总需求分析，以消费者问题识别与制造企业的需求智能匹配为基础，确定设计任务书；绿色选材设计分析是针对产品实体的生产计划选择绿色环保与价格合理的原材料，确定绿色采购清单；产品结构设计分析是以设计任务书为指导确定产品模块和服务模块，分别从功能与流程两方面设计产品结构与服务逻辑；环境生态设计分析是对产品生产与服务运作过程中产生的环境污染问题分析原因，确定生态改善措施；资源低碳设计分析是对产品生产与服务运作过程产生的高排放、高能耗问题分析原因，确定低碳设计表。

绿色设计服务分析智能决策是一个多目标决策，目标体系为时间（TI）、产品质量（PQ）、服务质量（SQ）、产品成本（PC）、服务成本（SC）、环境影响（EN）、资源消耗（RE）7个方面。具体为时间（TI）最短、产品质量（PQ）最好、服务质量（SQ）最好、产品成本（PC）最少、服务成本（SC）最少、环境影响（EN）最小、资源消耗（RE）最少。绿色设计服务分析决策可以从这7个方面构建分析体系。

（3）绿色设计服务分析智能决策的核心数据

绿色设计服务分析智能决策的核心数据为绿色设计目标数据、绿色设计策略数据、绿色设计方案数据、绿色详细设计数据、绿色优化数据、设计管理数据等。其中，绿色设计目标数据是消费者与制造企业共同确定的产品或服务方案数据；绿色设计策略数据是制造企业针对消费者的问题识别制定的设计方法与设计步骤数据；绿色设计方案数据是绿色产品结构模块与绿色服务逻辑模块的基本数据；绿色详细设计数据是针对产品与服务的具体模块实现相关的数据；绿色优化数据是在绿色设计过程中涉及的优化问题、优化方法、优化算法等数据；设计管理数据是提供绿色制造服务主体参与的设计活动过程数据。

3.5　本章小结

本章的主要研究工作可概括为如下几点：

① 在绿色制造的消费者问题识别参考模型的基础上，建立了消费者的绿色设计问题识别模型、消费者的绿色生产问题识别模型、消费者的绿色产品问题识别模型。

② 研究了绿色设计服务的工业大数据感知，并提出了基于大数据的绿色设计服务工业大数据采集和工业大数据存储方案。

③ 通过对绿色设计服务决策的需求管理和绿色设计服务智能决策的分析框架的研究，提出了基于消费者问题识别的绿色设计服务智能分析决策方法。

消费者购买行为驱动的绿色生产服务智能决策

4.1 引言

消费者购买过程是绿色生产服务的基础，制造企业生产的产品在消费者购买过程中实现价值创造，服务企业提供的服务在消费者购买过程中获得价值增值，制造企业与服务企业共同提供的绿色制造服务在消费者购买过程中体现了竞争力。从绿色生产服务角度看，消费者购买过程作用于绿色生产服务决策的各个方面，基于消费者购买过程的绿色生产服务决策能够实现绿色制造服务运作中的绿色生产服务清洁决策。服务企业、制造企业、终端用户之间形成的绿色生产服务网络，借助于工业物联网环境进行运作，可以通过工业物联网架构和工业物联网设计实现绿色生产服务决策。

本章针对绿色生产服务决策，提出了一种基于消费者购买过程和工业物联网的绿色生产服务智能决策方法。该方法首先采用绿色制造服务购买行为基本问题与消费者购买行为映射，来构建绿色制造服务的消费者购买过程参考模型；然后从绿色生产角度研究工业物联网方案，提出了基于物联网的绿色生产服务工业物联网架构和工业物联网设计方法；最后通过对绿色生产服务决策的工艺管理和绿色生产服务决策的清洁模型的研究，提出了消费者购买行为驱动的绿色生产服务智能清洁决策方法。

4.2 绿色制造中的消费者购买行为

消费者行为在绿色制造中主要表现为消费者问题识别、消费者购买过程、消费者满意度等，绿色制造中的决策与这三种消费者行为密切相关，可以通过消费者行为的物联网互通来支持绿色制造中的决策过程。消费者购买行为是消费者在购买过程中的决策活动，消费者通过对产品或服务的选择来执行购买过程，并使用产品体验服务。消费者购买过程与绿色生产服务存在内在联系，通过相互映射可以支持绿色制造服务决策。

4.2.1 消费者的绿色制造购买行为

消费者的绿色制造购买行为是绿色制造服务考察的核心问题。产品与服务进入流通领域后，消费者是否购买直接决定绿色制造服务价值是否实现。在消费者购买绿色制造服务过程中，会更多考虑产品与服务的绿色性，消费者需求也会增加绿色因素。消费者绿色制造服务需求是指消费者在购买绿色制造服务中选择产品或服务的标准，也包括产品或服务在环境污染、能源消耗、碳排放等方面的标准。消费者绿色制造服务需求具体包含绿色设计需求、绿色生产需求、绿色产品需求三方面。

在绿色制造中，消费者作为终端用户与服务企业、制造企业形成一个商业生态系统，在资源低碳与环境生态约束下，绿色制造主要包含绿色设计、绿色生产、绿色产品等内容。绿色制造中的消费者购买行为是驱动绿色制造购买行为的基本问题，主要包括谁购买、谁参与、从何处买、为何购买、如何购买等。通过消费者绿色制造购买行为的基本问题可以进一步分析消费者绿色制造购买过程。消费者绿色制造购买行为过程主要包括购买认知、购买吸引力、购买询问、购买行动、购买推荐等内容。

根据消费者的绿色制造购买过程可以构建绿色制造购买行为内容需求，并以此为基础确定消费者绿色制造服务需求。通过消费者对产品或服务的需求反馈，企业需要持续改进产品与服务质量，特别是需求相关内容，在绿色制造中提供参考。消费者反馈需求驱动了绿色产品服务不断改善，服务企业通过消费者绿色制造服务需求调整优化服务流程，制造企业以消费者绿色制造服务需求确定产品功能，形成绿色制造服务系统。消费者的绿色制造购买行为参考模型如图 4.1所示。

（1）面向绿色设计的消费者购买行为

消费者购买行为对绿色设计有直接影响，通过消费者购买行为反馈，绿色设计从绿色设计目标、绿色设计策略、绿色设计方案、绿色详细设计、绿色设计优化等方面进行修正，以此来满足消费者需求。面向绿色设计的消费者购买行为是指消费者对产品或服务选择购买与绿色设计相关的需求要素，大部分需求要素集中体现在设计阶段，通过改善绿色设计可以大幅度提高消费者需求，比如个性化定制就是最大限度满足消费者需求的设计方法。

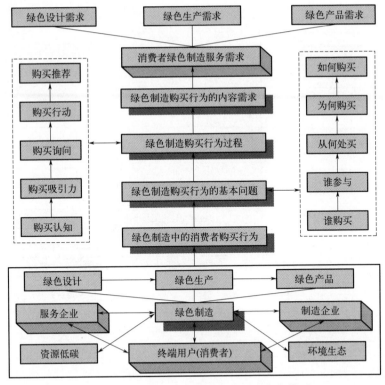

图 4.1　消费者的绿色制造购买行为参考模型

消费者绿色设计服务需求具体包含绿色设计需求、绿色选材需求、产品结构需求、环境生态需求、资源低碳需求等。绿色设计的消费者购买行为主要包括购买意向、品牌信息、产品选择、服务选择、购物体验等。

根据消费者的绿色制造购买行为参考模型，消费者绿色设计购买行为的内容需求主要包括情境需求、品牌需求、产品需求、服务需求、使用需求五个方面，各类需求内容通过规范描述之后形成消费者绿色设计需求。面向绿色设计的消费者购买行为如图 4.2 所示。

（2）面向绿色生产的消费者购买行为

消费者购买行为对绿色生产也具有影响，通过消费者购买行为反馈，绿色生产从绿色工厂、绿色材料、绿色工艺、绿色加工、绿色装配等方面进行修正，以此来满足消费者需求。面向绿色生产的消费者购买行为是指消费者对产品或服务选择购买与绿色生产相关的需求要素，生产阶段的需求要素集中在产品质量与绿色性能方面，需要改善绿色生产的工艺，提高企业智能化水平，以此来提高消费者需求，比如智能制造就是最大限度满足消费者需求的生产方法。

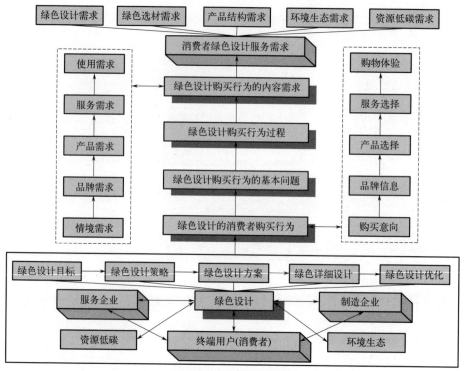

图 4.2 面向绿色设计的消费者购买行为

消费者绿色生产服务需求具体包含企业资源需求、绿色工厂需求、绿色材料需求、产品低碳需求、产品生态需求等。绿色生产的消费者购买行为主要包括品质认可、技术先进性、智能生产、企业评估、服务化等。

根据消费者的绿色制造购买行为参考模型，消费者绿色生产购买行为的内容需求主要包括质量需求、技术需求、智能需求、企业责任、服务需求等，各类需求内容通过规范描述之后形成消费者绿色生产服务需求。面向绿色生产的消费者购买行为如图 4.3 所示。

（3）面向绿色产品的消费者购买行为

消费者购买行为对绿色产品具有重要影响。通过消费者购买行为反馈，绿色产品从绿色产品检测、绿色产品交付、绿色产品使用、产品售后服务、绿色产品再制造等方面进行修正，以此来满足消费者需求。面向绿色产品的消费者购买行为是指消费者对产品或服务选择购买与绿色产品相关的需求要素，需求要素在产品购买和产品使用阶段同样十分重要，通过改善绿色产品服务可以提高消费者需求，比如智能运维就是最大限度满足消费者需求的有效方法。

消费者绿色产品服务需求具体包含绿色包装需求、绿色物流需求、绿色销售需求、绿色运维需求、绿色回收需求等。影响绿色产品的消费者购买行为的因素

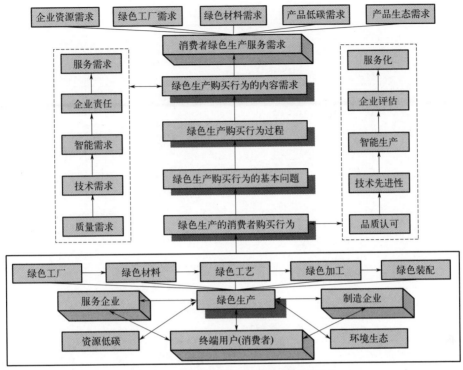

图 4.3　面向绿色生产的消费者购买行为

主要包括品牌忠诚度、产品服务、可靠性、绿色化、生态化等。

　　根据消费者的绿色制造购买行为参考模型，消费者绿色产品购买行为的内容需求主要包括产品口碑、增值服务、产品运维、绿色环保、产品回收等内容，各类需求内容通过规范描述之后形成消费者绿色产品服务需求。面向绿色产品的消费者购买行为如图 4.4 所示。

4.2.2　绿色制造购买行为过程

　　绿色制造购买行为过程可以分为购买先前状态、购物情境、购后过程等几部分，具体分析为：发起者首先提出购买意向—影响者的看法对最终决策产生影响—决策者对购买行为做出最后决定—购买者实际执行采购—使用者实际消费或使用所购买的产品或服务。

（1）绿色制造购买的先前状态

　　绿色制造购买的先前状态是购买行为的信息收集阶段，为购买准备各类信息，并且与购买情境相互映射，共同作用于购买决策。对于产品购买既要考虑产品设计生产质量标准，也要考虑产品全生命周期的绿色性，全面综合反映产品需求；对于服务购买既要考虑服务规划实施质量标准，也要考虑服务全生命周期的

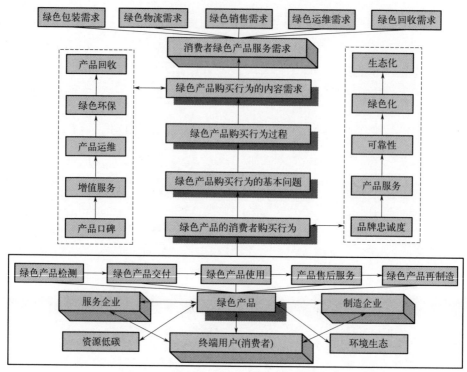

图 4.4 面向绿色产品的消费者购买行为

绿色性，全面综合反映服务需求。绿色制造购买的先前状态主要包括消费者绿色设计购买先前状态、消费者绿色生产购买先前状态、消费者绿色产品购买先前状态三部分内容。

其中，消费者绿色设计购买先前状态主要包括绿色设计问题与需求、绿色设计情境与信息、绿色设计情绪与时间、绿色设计虚拟社群、绿色设计购物取向等内容；消费者绿色生产购买先前状态主要包括绿色生产问题与需求、绿色生产情境与信息、绿色生产情绪与时间、绿色生产虚拟社群、绿色生产购物取向等内容；消费者绿色产品购买先前状态主要包括绿色产品问题与需求、绿色产品情境与信息、绿色产品情绪与时间、绿色产品虚拟社群、绿色产品购物取向等内容。绿色制造购买的先前状态如图 4.5 所示。

（2）绿色制造购买的购物情境

绿色制造购买的购物情境是购买行为的重要影响因素，主要包括绿色制造购物体验、绿色制造终端激励、绿色制造销售互动、购买决策涉及的角色、购买过程情境、冲动性购买行为等内容。好的购买情境会引发消费者非事前计划的终端购买行为，此类购买趋势不断上升，称之为冲动性购买行为，主要包括纯粹冲动性购买、建议性购买、时尚冲动性购买、提醒性购买、计划冲动性购买等类型。

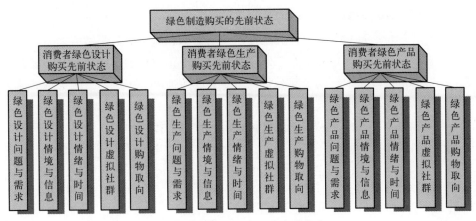

图 4.5　绿色制造购买的先前状态

　　其中，购买过程情境主要包括信息沟通情境、消费情境、购买情境三种。购买过程情境的主要影响因素有形象、氛围、情绪状态、反应等方面。绿色制造购买的购物情境如图 4.6 所示。

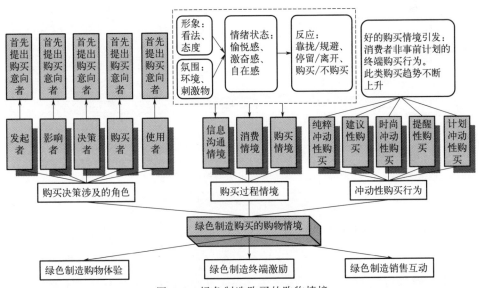

图 4.6　绿色制造购买的购物情境

（3）绿色制造购买的购后过程

　　绿色制造购买的购后过程主要包括绿色制造服务购后行为与绿色制造服务购后冲突两方面内容。消费者绿色制造服务购后行为是绿色制造服务获得之后，使用绿色产品、体验绿色服务，同时对绿色制造服务进行评估的行为。如果消费者对绿色制造服务满意，则进行产品处置与服务体验，并且推荐绿色制造服务，达到品牌忠诚；如果消费者对绿色制造服务不满意，则对产品或服务抱怨，产生绿色制造服务品牌负面影响。

消费者绿色制造服务购后冲突是在消费者对绿色制造服务不满意之后的处理方案，在消费者抱怨绿色制造服务的同时，可以不采取行动，成为比较不利的态度，消费者也可以采取行动引起绿色制造服务购后冲突。绿色制造服务购后冲突的采取行动主要有向商店或制造商投诉、不再购买该品牌或不再去该商店、通过网上传播告诫亲友、向私人或政府机构投诉、采取法律行动等。绿色制造购买的购后过程如图 4.7 所示。

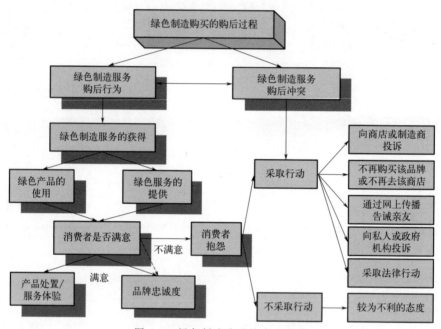

图 4.7　绿色制造购买的购后过程

4.2.3　绿色制造购买行为映射

绿色制造购买行为映射是在确定绿色制造购买行为基本问题基础上，建立绿色制造购买行为的映射模型和绿色制造购买行为的需求模型。绿色制造购买行为的映射模型构建了消费者购买行为与消费者需求内容的映射关系，绿色制造购买行为的需求模型建立在消费者购买行为的需求大数据与需求分析基础上。

（1）绿色制造购买行为的基本问题

绿色制造购买行为的基本问题主要包括谁购买、谁参与、从何处买、为何购买、如何购买等问题。通过确定绿色制造购买行为的基本问题获取消费者绿色制造购买行为的指标集，实现消费者绿色制造购买的行为分析。

其中，谁购买是目标消费者，是购买实施者；谁参与是购买行为的参与者，包括发起者、影响者、决策者、购买者、使用者等；从何处买是对购买行为的地点选择；为何购买是确定满足何种需求与利益；如何购买是决策购买时间、购买数量、购买次数等。绿色制造购买行为的基本问题如图 4.8 所示。

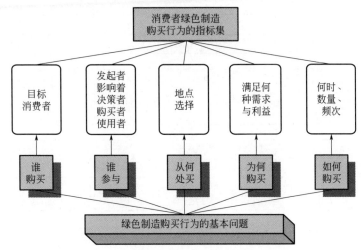

图 4.8　绿色制造购买行为的基本问题

（2）绿色制造购买行为的映射模型

绿色制造购买行为的映射模型是将购买过程中消费者行为映射为消费者内容需求的过程。消费者绿色制造购买行为通过购买过程的指标数据来挖掘，主要包括购买认知、购买吸引力、购买询问、购买行动、购买推荐等过程的指标数据，这些数据采用工业大数据处理，生成规范的消费者绿色制造购买行为指标数据。

绿色制造购买行为的映射的核心步骤是实现消费者购买行为与消费者内容需求之间的映射，需要借助知识库设计购买行为与内容需求映射算法。比如顾客获取产品品牌、顾客使用产品体验、顾客推荐产品概率等购买行为，可以映射为产品品牌大数据、产品使用大数据、产品营销大数据等。绿色制造购买行为的映射模型如图 4.9 所示。

（3）绿色制造购买行为的需求模型

绿色制造购买行为的需求模型是从绿色制造服务大数据中获取各类需求，并进行规范管理，通过绿色制造服务需求管理系统管理绿色制造购买行为的需求。同时，绿色制造服务大数据与绿色制造服务需求管理双向交互，提高绿色制造服务需求匹配度。绿色制造服务购买行为需求主要包括绿色设计需求、绿色生产需求、绿色产品需求等。

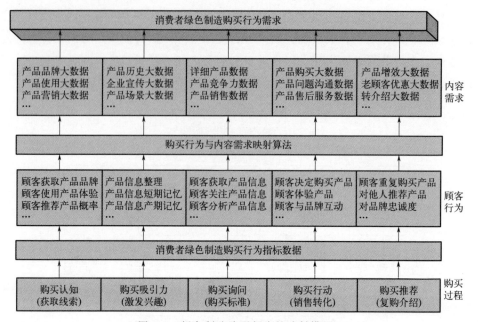

图 4.9　绿色制造购买行为的映射模型

其中，绿色设计需求主要包括绿色服务需求、绿色选材需求、产品结构需求、环境生态需求、资源低碳需求等内容；绿色生产需求主要包括企业资源需求、绿色工厂需求、绿色材料需求、低碳加工需求、生态装配需求等内容；绿色产品需求主要包括绿色包装需求、绿色物流需求、绿色销售需求、绿色运维需求、绿色回收需求等内容。绿色制造购买行为的需求模型如图 4.10 所示。

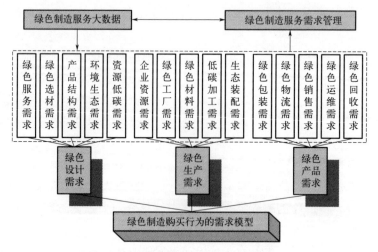

图 4.10　绿色制造购买行为的需求模型

4.3　绿色生产服务的工业物联网方案

绿色生产服务是对绿色制造服务各类生产活动的集合,生产活动需要设备互联与智能车间,通过工业物联网可以提供绿色生产活动需要的智能工厂。工业物联网方案是支撑绿色生产服务的核心技术,主要包括工业物联网架构和工业物联网设计两方面。通过对异构设备与物联网的互联互通,实现绿色制造的智能生产,为绿色生产活动的工业物联网构建提供支撑,进一步实现基于工业物联网的绿色生产服务决策。

4.3.1　绿色生产服务的工业物联网

绿色生产服务的工业物联网是指绿色生产服务相关资源的网络互联、数据互通、系统互操作,实现绿色制造服务动态配置、生产工艺合理优化、绿色服务智能提供,达到生产高效低碳,构建服务驱动型的绿色生产系统。绿色生产服务的工业物联网具有泛在连通、智能感知、精确控制、实时分析、精准管控等特点。采用工业物联网可提供信息感知、网络通信、信息处理、安全管理等技术。

(1) 绿色生产服务资源智能化

绿色生产服务的工业物联网连通绿色生产服务所涉及的所有资源,在制造企业、服务企业、终端用户之间构造资源共享平台,并实现各类资源的智能化,使得各类资源随时随地配置,支持绿色生产过程。绿色生产服务物联网的资源智能化主要包括物品标识资源智能化、物联传感资源智能化、绿色生产资源智能化、绿色服务资源智能化四类内容。这四类资源智能化支撑绿色生产服务的清洁决策。

物品标识资源智能化是将消费购买过程相关资源映射为绿色生产物品,进行标识,实现物料智能化。物品标识资源智能化主要包括物品编码技术、条码识读技术、射频识别技术、物品自动识别技术等内容。物联传感资源智能化是对绿色制造服务资源现场数据采集的传感网智能化。物联传感资源智能化主要包括智能传感器设计、无线传感网设计、传感网入网协议、传感网优化配置等。

绿色生产资源智能化是绿色生产过程中考虑低污染、低能耗、低排放等绿色环保因素的资源智能化,是绿色生产的重要内容。绿色生产资源智能化主要包括设备资源智能化、物料资源智能化、人力资源智能化、加工资源智能化等内容。绿色服务资源智能化是在绿色服务过程中所涉及的资源智能化,对于物理资源进行数字化处理,对于虚拟资源进行信息化连通。绿色服务资源智能化主要包括物流资源智能化、技术资源智能化、通信资源智能化、知识资源智能化等内容。绿色生产服务资源智能化如图 4.11 所示。

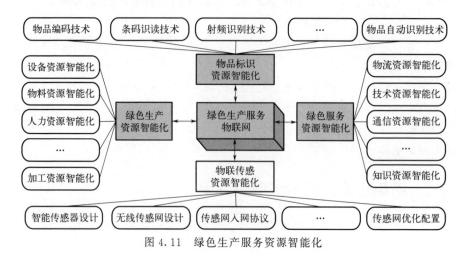

图 4.11 绿色生产服务资源智能化

(2) 绿色生产服务的多源信息处理

绿色生产服务的工业物联网方案的核心技术之一是多源信息处理,针对分布式的绿色生产服务系统,工业物联网末端资源具有复杂性、异构性、实时性,各类资源产生的信息源由于不同传感器而互异,可以统一信息结构来规范化多源数据。绿色生产服务的多源信息与生产过程同步,涉及绿色生产的复杂事件,针对智能化资源需要设计信息处理准则,绿色生产服务的多源信息处理主要包括多层次事件数据模型与描述、生产过程主动感知模型、绿色生产服务多源生产信息增值技术等。

绿色设计服务的多层次事件数据模型与描述,首先设计多层次事件体系结构,基于多层次事件之间时序关系和逻辑关系,以 XML 建立面向关键事件的可扩展事件描述语言,进而描述多层次的事件模型。采用操作符描述原始事件和关键事件之间关系,比如顺序关系采用时序关系操作符、与或关系采用逻辑关系操作符、包含关系采用层次关系操作符等。

绿色生产服务的生产过程主动感知模型是事件驱动的,检测新事件发生,通过关键事件与原始事件的数据模型,感知绿色生产服务的现场状况。绿色生产服务多源生产信息增值技术是通过规则库、组合运算、数据挖掘等方法,实现多源实时信息的增值,面对不同消费者,提供基于实时信息加工后的增值信息。绿色生产服务的多源信息处理如图 4.12 所示。

其中,生产过程主动感知的过程为:首先,以绿色生产过程为对象设置关键监控点与关键事件,以及多层次事件之间的关联模型;其次,以操作符建立绿色生产服务的关键事件模式树及其动态存储结构;最后,对绿色生产过程关键事件相关事件，以关键事件执行引擎来匹配、遍历、执行，并对来自各类传感器的多源实时数据操作运算，输出绿色生产过程关键监控点的感知结果。

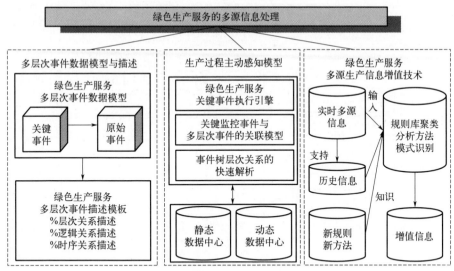

图 4.12　绿色生产服务的多源信息处理

(3) 绿色生产服务的工业物联网模型

工业物联网可以全面感知生产系统关键环节与关键资源状态信息，便于绿色生产服务平台实时获取生产系统运行状态。对于绿色生产的碳排放与能耗污染等绿色要素也可以通过工业物联网实时感知，以此便于绿色生产过程监控与绿色环保监测。绿色生产服务的工业物联网建模需要遵守的原则有业务前瞻性、应用企业化、系统平台化、系统整合化、适度松耦合等。

绿色生产服务的工业物联网模型主要包括绿色生产服务资源、绿色生产服务物联网建模、绿色生产服务组件、绿色生产服务应用四部分。绿色生产服务物联网建模层是核心层，包含绿色生产建模、绿色服务建模、绿色生产车间调度建模、绿色生产服务组合建模、智能生产、智能工厂等内容。其中，绿色服务建模与绿色生产服务组合建模相互映射，共同支撑绿色生产建模与绿色生产车间调度建模。

绿色生产服务的工业物联网模型如图 4.13 所示。其中，绿色生产服务资源主要包括物品标示资源、绿色生产资源、绿色服务资源、物联传感资源等内容；绿色生产服务物联网建模实现工业物联网模型；绿色生产服务组件包括监控组件、自适应协同组件、自组织配置组件、分布式调度组件四部分；绿色生产服务应用有绿色工厂、绿色材料、绿色工艺、绿色加工、绿色装配、绿色包装等内容。

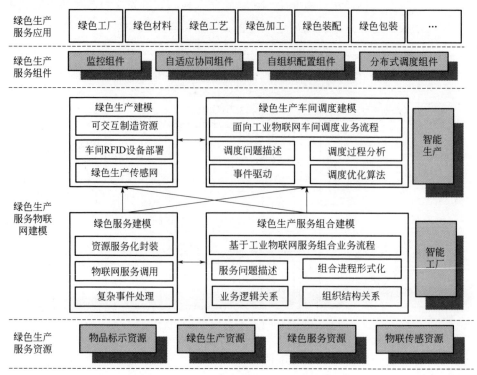

图 4.13　绿色生产服务的工业物联网模型

4.3.2　绿色生产服务的工业物联网架构

　　绿色生产服务的工业物联网方案主要包括工业物联网架构和工业物联网设计两部分内容。工业物联网架构是通过工业物联网来实现的，工业物联网通过物联网与传感器技术将绿色生产服务中的服务企业、制造企业、终端用户资源连接，集中获取与处理各类实时数据。工业物联网在制造物联模式下已经具有成熟的技术条件，可以支持制造场景的大数据感知，也可以满足服务场景的大数据感知。在工业物联网环境中，绿色生产服务大数据能够实现多源采集、分布处理、实时传递，进而提升制造业信息化水平。

　　工业物联网作为绿色生产服务的底层，提供强大的大数据采集环境，提取制造企业、服务企业、终端用户的各类业务实时数据，获取生产过程与服务过程的感知信息。在大数据分析与决策中，工业大数据提供大数据清洗与转换功能，将采集数据映射变换，统一数据格式，进而协同管理大数据。绿色生产服务大数据通过工业物联网感知多源数据，对比存储模式，转换数据格式，对实时数据优化结构，来实现大数据采集。

　　绿色生产服务的工业物联网架构在工业云与工业大数据的综合应用中，实现车间层实时数据与事件的管控与决策，同时与物联网设计相互作用，形成完整的绿色生产服务工业物联方案。绿色生产服务工业物联网架构主要包括数据采集、事务处理、功能支持三部分，通过车间局域网与无线传感网获取实时数据与事件，进行数据处理与事件处理之后，提供物联网设计的各类支持功能。绿色生产服务的工业物联网架构如图 4.14 所示。

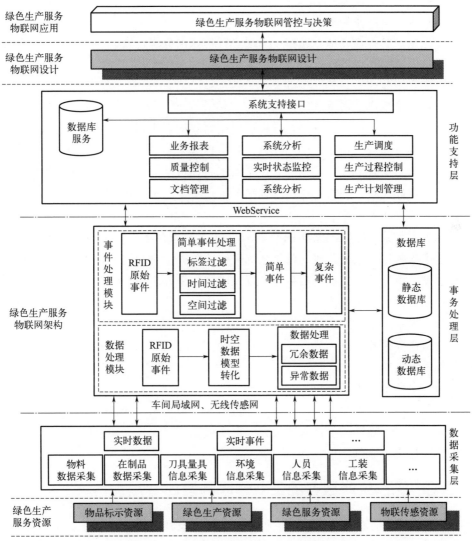

图 4.14　绿色生产服务的工业物联网架构

（1）绿色生产服务物联网应用

绿色生产服务物联网方案在应用层，以工业云平台管控绿色生产服务，将制造企业生产资源标识通过无线传感网提交到平台，在绿色生产服务中调用；将服务企业服务资源标识通过无线传感网提交到平台，在绿色生产服务中调用；将终端用户的购买过程资源标识通过无线传感网提交到平台，在绿色生产服务中调用。

同时，以工业大数据决策算法库支持制造企业、服务企业、终端用户的各类决策。针对每个问题决策设计变量参数，建立数学模型，设计求解算法，优化解集方案，并将新的决策算法入库。

（2）绿色生产服务物联网设计

绿色生产服务物联网方案在设计层进行物联网分层设计、物联网构建、物联网系统集成。物联网设计过程包括需求分析、性能分析、逻辑设计、物理设计、工程实施等步骤。

（3）绿色生产服务物联网架构

绿色生产服务物联网方案在架构层确定物联网层次结构，其体系结构分为数据采集、事务处理、功能支持三部分，其中数据采集是从绿色生产服务资源中获取实时数据与实时事件等，事务处理是以车间局域网与无线传感网为基础进行数据处理与事件处理，功能支持是根据绿色生产服务需求提供服务功能，并通过事务处理来实现功能。

绿色生产服务物联网架构的数据采集通过部署在车间内的各种数据采集设备，采集各类生产数据，比如位置数据、属性数据、时间数据等，并实时上传数据和事件。事务处理主要包括事件处理模块和数据处理模块两部分。事件处理模块处理绿色生产服务上传的各类原始事件，通过过滤分为简单事件与复杂事件两类，分别根据规则与知识进行处理。功能支持以功能封装形式向设计层提供支持，包括业务报表、系统分析、生产调度等，同时建立系统服务接口，与绿色生产服务系统集成。

（4）绿色生产服务资源

绿色生产服务物联网方案在资源层将物品标示资源、绿色生产资源、绿色服务资源、物联传感资源等接入网络。绿色生产服务资源具有实时性、分布式、多源性、智能化、绿色化特性。

4.3.3 绿色生产服务的工业物联网设计

绿色生产服务的工业物联网的另一个问题是设计，设计问题是通过工业云来解决的。云计算平台针对各个行业或者区域物联网设计提供各类设计知识，将绿色生产服务过程的物联网设计构建，并进行管理。工业云在云制造模式下已经具有成熟的技术条件，可以支持制造场景的物联网设计，也可以满足服务场景的物联需求。在工业云环境中，绿色生产服务物联网能够实现互联互通、实时共享、数据集成，进而促进制造业升级改造。

工业云作为绿色生产服务的顶层，提供强大的物联网设计环境，管理制造企业、服务企业、终端用户的各类业务，获取生产过程与服务过程的实时数据。在大数据分析与决策中，工业云也提供物联网设计功能，将设计数据频繁调用，统一设计格式，进而共享规范物联网。绿色生产服务物联网是通过工业云计算设计策略，赋予设计权重，对物联网优化设计，实现更新与管理。

绿色生产服务的工业物联网设计将绿色生产服务资源与工业大数据融合，实现物联网分层设计、物联网构建、物联网系统集成，同时在工业云支撑下进行工业物联网设计，工业物联网设计在考虑绿色生产的基础上，引入项目管理机制，针对具体生产过程设计工业物联网方案，并在工业云平台上可以持续改进设计，也可以协同设计工业物联网。绿色生产服务的工业物联网设计如图 4.15 所示。

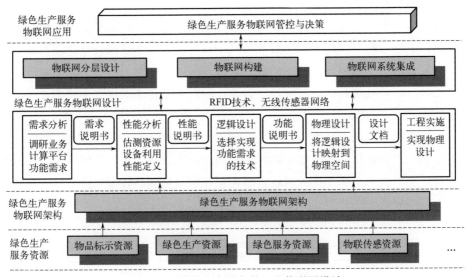

图 4.15　绿色生产服务的工业物联网设计

（1）绿色生产服务物联网应用

绿色生产服务物联网方案在应用层，以工业云平台管控绿色生产服务，将制造企业生产资源标识通过无线传感网提交到平台，在绿色生产服务中调用；将服务企业服务资源标识通过无线传感网提交到平台，在绿色生产服务中调用；将终端用户的购买过程资源标识通过无线传感网提交到平台，在绿色生产服务中调用。

同时，以工业大数据决策算法库支持制造企业、服务企业、终端用户的各类决策。针对每个问题的决策设计变量参数，建立数学模型，设计求解算法，优化解集方案，并将新决策算法入库。

（2）绿色生产服务物联网设计

绿色生产服务物联网方案在设计层进行物联网分层设计、物联网构建、物联网系统集成。物联网设计过程包括需求分析、性能分析、逻辑设计、物理设计、工程实施等步骤。首先，调研绿色生产服务业务与功能需求获得需求说明书，并在性能分析基础上确定性能说明书；其次，针对物联网设计任务进行逻辑设计与物理设计，生成设计文档；最后，将设计文档交给工程实施方，进行物联网实施，配置物联网硬件与软件，实现物理设计。

物联网分层设计主要包括信息感知层设计、物联接入层、网络传输层、智能处理层、应用接口层等内容；物联网构建主要包括绿色生产服务物联网系统的硬件设计和绿色生产服务物联网系统的软件设计两部分；物联网系统集成主要包括绿色生产服务物联网系统的硬件集成、软件集成、产品集成、技术集成，与绿色生产服务物联网系统的数据集成、信息集成、人员集成、服务集成等内容。

（3）绿色生产服务物联网架构

绿色生产服务物联网方案在架构层确定物联网层次结构，其体系结构分为数据采集、事务处理、功能支持三部分。其中，数据采集是从绿色生产服务资源中获取实时数据与实时事件等；事务处理是以车间局域网与无线传感网为基础进行数据处理与事件处理；功能支持是根据绿色生产服务需求提供服务功能，并通过事务处理来实现功能。

（4）绿色生产服务资源

绿色生产服务物联网方案在资源层将物品标示资源、绿色生产资源、绿色服务资源、物联传感资源等接入网络。绿色生产服务资源具有实时性、分布式、多源性、智能化、绿色化特性。

4.4 绿色生产服务智能清洁决策模型

绿色生产服务的智能清洁决策为服务企业、制造企业、终端用户的生产活动提供知识支持，在各类决策问题的建模中，规范生产活动主要模式，然后针对每个具体决策问题，构建求解方法，以大数据决策基础理论建立求解算法。结合消费者购买过程和工业物联网来建立绿色生产清洁决策模型。消费者购买行为驱动的绿色生产服务智能清洁决策主要包括绿色生产服务智能决策的工艺管理和绿色生产服务智能决策的清洁模型两部分。

4.4.1 消费者购买行为驱动的绿色生产服务智能清洁决策

绿色生产服务是指在产品制造过程中对原材料、加工设备、加工工艺等核心步骤，贯穿资源合理利用、节约成本、降低环境污染等绿色要求，突出环境保护、能源节约、资源节约等绿色制造工艺，服务内容包括绿色工厂、绿色材料、绿色工艺、绿色加工、绿色装配等内容。

绿色生产服务智能决策主要包括绿色生产装备服务智能决策、绿色生产车间服务智能决策、产品绿色工艺服务智能决策、绿色加工服务智能决策、绿色装配服务智能决策等内容。绿色生产服务智能决策的决策主题可以根据消费者购买过程来制定，消费者购买绿色制造服务过程为购买认知、购买吸引力、购买询问、购买行动、购买推荐等过程，统称为消费者购买过程。可以结合绿色生产服务智能决策对应绿色制造服务需求。

消费者购买过程驱动的绿色生产服务清洁智能决策模型是从消费者购买过程出发。首先，分析绿色制造服务购买过程中的顾客行为，从营销大数据中获取顾客的关注点，以此来组织内容需求，设计消费者购买过程的各类大数据，从这些大数据中挖掘绿色制造服务需求；其次，将各类绿色制造服务需求映射为绿色生产服务决策主题，并限定决策范围；最后，通过工业互联网环境支持绿色生产服务决策，包括根据决策主题建立决策模型、设置决策优化目标、设计决策算法等。

消费者购买行为驱动的绿色生产服务清洁智能决策如图 4.16 所示。其中，绿色生产装备服务智能决策是根据企业资源需求制定装备配置表，对照企业资源进行装备管理，决策绿色工厂、绿色加工；绿色生产车间服务智能决策是根据绿

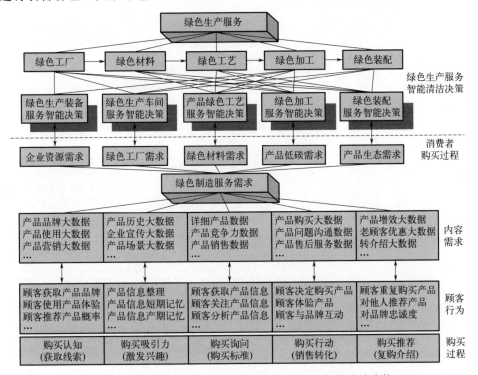

图 4.16　消费者购买行为驱动的绿色生产服务智能清洁决策

色工厂需求制定车间规划表，确定车间布局，决策绿色工厂、绿色加工、绿色装配；产品绿色工艺服务智能决策根据绿色材料需求制定产品绿色工艺表，决策绿色材料、绿色工艺、绿色加工、绿色装配；绿色加工服务智能决策根据产品低碳需求制定加工碳足迹表，决策绿色材料、绿色工艺、绿色加工；绿色装配服务智能决策根据产品生态需求制定装配环保表，决策绿色材料、绿色工艺、绿色装配等。

4.4.2 绿色生产服务智能决策的工艺管理

绿色生产服务决策依赖于消费者购买过程，是产品生产和服务提供过程中的各类问题决策，而清洁决策的核心内容之一就是工艺规划，在绿色生产服务智能决策中将工艺规划定义为优化决策工艺管理，为确定决策清洁模型提供重要参考。优化决策工艺管理是通过对工艺路线、工艺方法、工艺装备、工艺参数、工艺方案等进行优化决策和规划，使得产品生产过程经济效益和社会效益协调优化。绿色生产服务决策的工艺管理是在工艺过程低碳性评价基础上，对比传统工艺规划与绿色生产工艺规划，进行协调优化的过程，主要包括工艺路线规划、工艺方法规划、工艺装备规划、辅助物料规划、工艺参数规划等。绿色生产服务智能决策的工艺管理如图 4.17 所示。

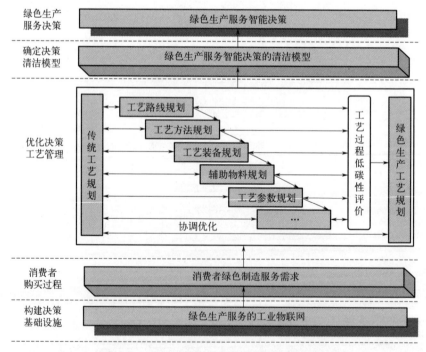

图 4.17 绿色生产服务智能决策的工艺管理

(1) 优化决策工艺管理

绿色生产服务智能决策的工艺管理首先要求分析工艺过程环境影响，产品生产过程是一个资源消耗过程，资源消耗包括原材料消耗、辅助物料消耗、能量消耗等。除此之外，工艺过程还要考虑环境污染排放、职业健康与安全危害。工艺过程中环境污染排放主要包括大气污染排放、废液污染排放、固体废弃物污染排放、物理性污染排放等几种；职业健康与安全危害主要包括高温热辐射、生产性粉尘、有害气体、重体力劳动外伤烫伤、噪声振动紫外线等几类。

绿色生产服务智能决策的工艺管理具体为：首先，根据工艺输入、生产纲领、生产条件、技术资料、工艺绿色特性等，对工艺路线、工艺方法、工艺装备、服务物料、工艺参数等进行规划；其次，对每项工艺规划内容进行低碳性评价，根据评价结果，采用工艺规划原则和方法进行绿色性改进，并将结果反馈，进行重新规划和协调；最后，输出符合绿色生产服务要求的工艺规程与工艺文档。

绿色生产服务智能决策的工艺管理核心在于绿色工艺规划：一是提供绿色工艺规划，利用现有工艺的绿色特性分析知识和数据，生成工艺方案的绿色性评价报告；二是绿色工艺规划在满足优质、高产、低成本的同时，还要满足低耗、清洁、健康等要求；三是绿色工艺规划采用绿色新工艺、工艺过程优化、现有工艺改进等方式。绿色工艺规划实质上是由一系列决策过程构成的决策群组，决策问题包括工艺方法、工艺路线、工艺装备等，决策目标有时间（TI）、产品质量（PQ）、服务质量（SQ）、产品成本（PC）、服务成本（SC）、环境影响（EN）、资源消耗（RE）7 个方面，以此为基础建立绿色工艺规划决策模型。

(2) 绿色生产服务智能决策工艺管理的绿色加工工艺技术

绿色生产服务智能决策工艺管理的绿色加工工艺技术是面向环境的工艺开发策略，首先从生态、技术、经济等方面全面分析现有工艺，然后通过改进现有工艺，在不降低产品质量条件下开发替代工艺技术，最后开发新型无污染的工艺技术。改进工艺的主要方法有优化工艺参数、提高工艺的环境资源特性、减少切削液用量等；开发替代工艺是用污染小、技术成熟的现代工艺取代落后工艺；开发新型工艺是开发环境友好性的节约资源型新工艺技术。

绿色生产服务智能决策工艺管理的绿色加工工艺技术包括绿色干式切削技术、低温强风冷却切削、绿色热处理技术、绿色铸造技术等。其中，绿色生产服务的绿色干式切削技术是通过干切削机床、干切削刀具、干切削工艺等技术提高刀具性能；绿色生产服务的低温强风冷却切削是一种新的无污染加工方法，采用低温风作为介质进行吸热、传热、对流，同时加快切削热在工件、切削和刀具上的传导，实现降低温度与提高刀具耐用度；绿色生产服务的绿色热处理技术主要控制目标是少污染和无氧化，实现节能，比如真空热处理技术、氮基气氛热处理、流态床热处理等；绿色生产服务的绿色铸造技术是实现铸造产品从设计、生产、使用到回收的各个环节要符合环保要求，最大限度利用资源和节约能源，比如精密清洁成形技术、熔炼工部的清洁生产技术、铸造生产末端无害化处理技术等。

（3）绿色生产服务智能决策工艺管理的清洁生产技术

绿色生产服务智能决策工艺管理的清洁生产技术是将综合预防的环境策略持续应用于生产过程，以此来减少环境影响。仅考虑绿色生产过程，清洁生产包括工艺改革和设备更新、产品设计与原材料选择、实现废物循环利用、实施科学环境管理等内容。从 1993 年开始，清洁生产项目在中国实施，北京啤酒厂等 11 家企业实施了部分清洁生产，包括低费用方案的经济环境分析、物料测算、高费用方案技术环境经济评估、制定持续清洁生产计划等。清洁生产要技术上可行，达到节能降耗减污的目标，经济上能够获利，实现经济效益、环境效益、社会效益的最优方案。

4.4.3 绿色生产服务智能决策的清洁生产模型

基于消费者购买过程的绿色生产服务智能决策中清洁生产是核心技术。由于产品加工过程是高污染、高消耗、高排放的集中阶段，清洁生产是实现绿色生产服务的关键，主要任务是减少污染、降低能耗、降低排放。绿色生产服务智能清洁决策是以消费者购买为基础，在工业物联网环境中，进行特定绿色生产服务的智能清洁决策，并在绿色指标指导下，对绿色生产服务进行优化，达到低碳环保的目标。绿色生产服务决策清洁生产是对比传统加工工艺，针对废气、固体废弃物、废液、噪声等问题，改进各个工序工艺，采用清洁生产技术和工艺，实现绿色产品生产的能源消耗极小化与环境影响极小化。绿色生产服务智能决策的清洁生产模型如图 4.18 所示。

（1）确定决策清洁模型

绿色生产服务智能决策的清洁模型是对现有生产过程的绿色化改进，借助智能制造技术可以获得信息化系统的支持，一方面是资源的优化配置，另一方面是各个加工环节的绿色化改造。针对每一条生产线而言，清洁生产是要发掘传统生产的绿色特性，来设计清洁方案，在持续改进中达到清洁生产的目标。绿色生产服务决策的清洁模型是以工业物联网与消费者购买过程共同驱动的持续改进，也是在工艺管理支撑下实现车间的绿色化改造。

绿色生产服务智能决策的清洁模型具体为：针对生产工艺进行绿色化分析，考虑资源消耗极小化和环境影响极小化，前者采用资源极小化设备、工艺及资源回收等绿色化方案，后者采用清洁设备、清洁工艺、末端处理等绿色化方案。首先，分析生产工序中有关的绿色影响因素，比如废气、废液、固体废弃物等；然

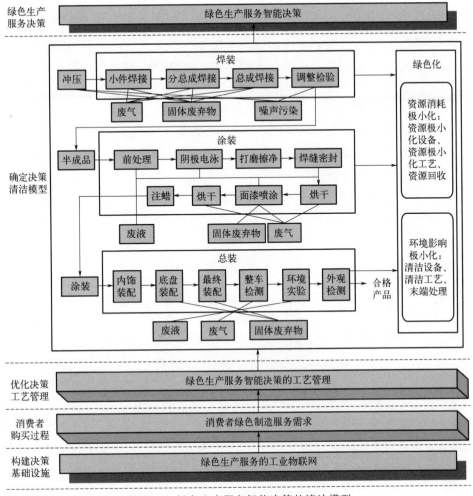

图 4.18 绿色生产服务智能决策的清洁模型

后，根据绿色制造知识库确定工序涉及的资源消耗极小化与环境影响极小化问题；最后，根据绿色生产工艺与清洁方法，制定生产工艺的绿色化改进方案，在改进过程中持续优化，直至满足清洁生产要求。

绿色生产服务智能决策的目的是持续改进绿色工艺，以清洁生产技术支撑绿色工艺，不断发掘新工艺与新技术，降低车间能耗，降低生产排放，减少环境污染，在产品生产过程中达到清洁生产。绿色服务的实施也可以参考清洁生产模型，综合提高绿色制造服务的绿色竞争力。

（2）绿色生产服务智能清洁决策的清洁生产方案

绿色生产服务智能清洁决策的清洁生产方案是针对特定工序，以废液、废气、固体废弃物等环境问题来确定对应的主要产污环节、设施名称、治理因子、处理方式等，同时制定清洁生产的处理流程。

比如，针对焊接工序的资源消耗极小化设计的清洁生产解决方案是选用节能高效的焊接设备，并且采用焊接机器人，同时利用先进焊接技术、先进输送设备、能源集中供应及循环利用等。环境影响极小化涉及焊烟废气回收、保护焊尾气净化、检验产生噪声封闭、操作工配备消音降噪设备等。

（3）绿色生产服务智能清洁决策的产品终期处理

绿色生产服务智能清洁决策的产品终期处理是基于产品全生命周期，包含从产品绿色设计、制造资源组织、清洁生产、绿色营销，到产品使用、产品运维、产品回收等环节。产品终期处理对报废产品实现最大限度回收再利用，最大限度减少垃圾产生，最大限度减少资源消耗，最大限度减少产品对环境的不良影响。绿色生产服务清洁决策的产品终期处理，其目的是通过重用、再制造、原材料再生，将循环利用物质反馈给产品制造的相应环节，实现产品全生命周期的绿色化。

4.5　基于混合粒子群优化的绿色生产服务智能决策算法

消费者行为可以较好地反映制造服务决策中的复杂关系，为了研究绿色制造服务决策，本节特别选取与购买产品相关的消费者问题识别、消费者购买过程、消费者满意度等消费者行为，并基于消费者购买过程开展研究。消费者购买过程是绿色生产服务的基础，制造企业生产的产品在消费者购买过程中实现价值创造，服务企业提供的服务在消费者购买过程中获得价值增值，制造企业与服务企业共同提供的绿色制造服务在消费者购买过程中体现了很强的竞争力。从绿色生产服务角度看，消费者购买过程作用于绿色生产服务决策的各个方面，基于消费者购买过程的绿色生产服务决策能够实现绿色制造服务运作中的绿色生产服务决策。服务企业、制造企业、终端用户之间形成的绿色生产服务，借助工业物联网环境进行运作，可以通过工业物联网架构和工业物联网设计实现绿色生产服务决策。

4.5.1　绿色生产服务智能决策算法的构建

绿色生产服务的智能决策主要包括绿色生产装备、车间、产品工艺、加工和装配等方面的决策。这些决策主题可以根据消费者购买过程来制定，包括购买认知、吸引力、询问、行动和推荐等阶段。通过分析消费者购买过程，可以更好地了解消费者对绿色制造服务的需求，从而制定相应的服务决策。消费者购买过程驱动的绿色生产服务智能决策模型是以消费者购买过程为出发点的。通过分析顾客行为和营销大数据,挖掘绿色制造服务需求,并将其映射为绿色生产服务决策主题,最终通过工业互联网环境支持决策的实施。这包括建立决策模型、设定优化目标和设计决策算法等步骤。消费者购买行为驱动的绿色生产服务智能决策如图 4.19 所示。

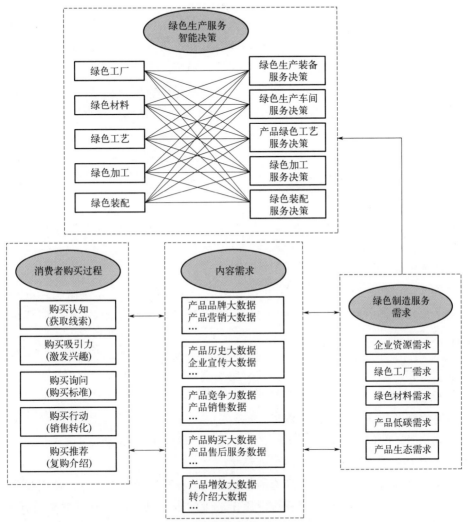

图 4.19　消费者购买过程驱动的绿色生产服务智能决策模型

绿色生产服务中的工艺规划是智能决策过程中的关键环节。通过优化工艺路线、方法、装备和参数等方面的决策,可以实现产品生产过程的经济效益和社会效益的协调优化。在工艺规划中,考虑低碳性评价,对比传统和绿色生产工艺规划,进行协调优化,实现更环保和可持续的生产方式。工艺规划涉及工艺路线、方法、装备、辅助物料和参数等方面的决策，构成了决策群组。决策目标包括时间、质量、成本、生态等多个方面，需要在这些目标之间进行权衡和优化。建立绿色工艺规划决策模型，可以指导决策和规划过程，实现经济效益和社会效益的协调优化。

4.5.1.1　面向模糊层次分析的混合粒子群优化

在模糊层次分析法的使用中需要构造模糊判断矩阵，由于人们主观意识的差异性、问题复杂性等因素，模糊判断矩阵有时并不具有完全一致性，若矩阵不具有满意的一致性，则需要进行修正。假设原判断矩阵为 $R=(r_{ij})_{n \times n}$，修正后判断矩阵为 $Y=(y_{ij})_{n \times n}$。Y 所对应的各评价指标权重仍记为 $w_i(i=1,2,\cdots,n)$，则称使式（4.1）取得最小值的 Y 矩阵为 R 的最优一致性模糊判断矩阵。函数具体公式如下：

$$\mathrm{minCIF}(n)=\sum_{i=1}^{n}\sqrt{\frac{1}{n}\sum_{j=1}^{n}(z_{ij}-\overline{z}_i)^2}/n+\sum_{i=1}^{n}\sum_{j=1}^{n}[0.5+a(w_i-w_j)-y_{ij}]^2/n$$

$$(4.1)$$

$$s.t.\begin{cases}\sum_{i=1}^{n}w_i=1\\w_i>0\end{cases}$$

$$(4.2)$$

式（4.1）中，$\mathrm{CIF}(n)$ 为一致性指标函数；模糊互补矩阵是模糊一致矩阵的充要条件是任意指定行和其余各行对应元素之差为某一常数，这亦称模糊判断矩阵 Y 的加性一致性。因此，$z_{ij}=r_{1j}-y_{ij}$，$\overline{z}_i=\frac{1}{n}\sum_{j=1}^{n}z_{ij}$，$z_{ij}$ 表示 r_1 行和 y_i 行对应元素相减之差，通过计算标准差来反映模糊判断矩阵 Y 的一致性。r_{1j} 表示原判断矩阵的第一行元素，这里假设决策者对第一行元素最有把握，依据第一行元素对原判断矩阵进行一致性修正。

式（4.1）的值越小，判断矩阵的一致性就越高，$\mathrm{CIF}(n)=0$ 时，$Y=R$，即判断矩阵 R 具有完全一致性。

粒子群算法是基于群智能理论的优化算法，在算法迭代结束后，每个粒子仍保持个体极值，因此将粒子群算法应用于决策问题可以给出多种有意义的方案。这里用来求解式（4.1），主要步骤如下。

步骤 1：编码。权重值 $w_i(i=1,2,\cdots,n)$ 和修正后模糊判断矩阵 $Y=(y_{ij})_{n \times n}$ 的右上三角除第一行元素以外的各元素为优化变量，对其进行实数编码。粒子的维度数为优化变量的个数，即 $(n-1)(n-2)/2+n$ 维。

步骤 2：初始化。采用随机函数对种群中每个粒子的速度与位置进行初始化。

步骤 3：计算适应度值。以式（4.1）作为目标函数，其值即为适应度值。

步骤 4：迭代更新。根据迭代公式更新粒子的位置和速度。

步骤 5：边界条件。确保粒子中优化变量的值在（0，1）之内。

步骤 6：确定算法终止条件。达到一定迭代次数或一致性精度。

4.5.1.2　基于混合粒子群优化的绿色生产服务智能决策

（1）根据决策目标建立层次分析因素集

对绿色工艺方法决策问题进行分析，将目标准则体系所包含的因素划分为目标层、准则层、子准则层，如图 4.20 所示，绿色工艺方法选择作为目标层，准则层为绿色生产经济性 E_1、绿色生产低碳性 E_2、绿色生产生态性 E_3，子准则层为具体绿色生产工艺方法。

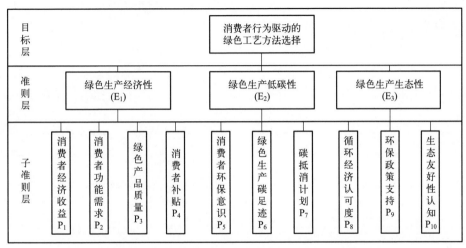

图 4.20　基于消费者购买行为的绿色生产因素集

绿色生产经济性主要包含 4 个因素：消费者经济收益 P_1，消费者在购买产品时，往往会考虑产品价格和经济收益。绿色生产的产品能否给消费者提供明确的经济收益，将影响他们的购买决策。例如，当消费者了解到绿色产品在使用过程中可以节省能源和减少维护成本时，他们可能会更倾向于选择这些产品。消费者功能需求 P_2，消费者购买产品最先考虑到的是自己对于产品功能的需求，功能越完备的产品竞争力越大。绿色产品质量 P_3，通过绿色生产产出的产品要确保品质安全，符合产品价值。消费者补贴 P_4，消费者在购买绿色产品时，企业能否提供绿色产品的补贴或优惠，能够促使消费者更倾向于选择环保产品。

绿色生产低碳性主要包括 3 个因素：消费者环保意识 P_5，通过宣传低碳性指标，可以提高消费者对低碳经济的认知，让消费者了解低碳产品的环境益处，有助于形成良好的消费习惯，促使他们选择低碳产品。绿色生产碳足迹 P_6，碳足迹指产品从原材料到成品的总二氧化碳排放量，企业如果能够提供明确的低碳生产数据，消费者在选择产品时更倾向于选择那些碳排放较低的产品。碳抵消计划 P_7，碳抵消计划是指通过实施一定的项目或活动来抵消所产生的二氧化碳排放，以达到降低总体碳足迹的目的，消费者在购买产品时，能够选择是否支持碳抵消项目。

绿色生产生态性主要包括 3 个因素：循环经济认可度 P_8，循环经济是指通过优化资源的使用和管理，尽量减少废物和环境影响，推动资源的重复利用和再循环，从而实现可持续发展的经济模式。消费者能否接受再生产的产品是企业实行循环经济模式的关键。环保政策支持 P_9，政府的环保政策和法规也在增强消费者对绿色产品的支持，企业可以借助这些政策，以吸引更多消费者。生态友好性认知 P_{10}，消费者越来越倾向于选择那些在生产过程中采用生态友好材料的产品，企业如果能够明确其生产中的具体环保措施（如使用可再生资源、减少对生态系统的干扰），将更容易吸引注重环境保护的消费者。

（2）构建模糊判断矩阵

根据因素集各个层次构造模糊判断矩阵。每一层元素都以相邻上一层次各元素为准则，按五标度法两两比较构造模糊判断矩阵。具体标度如表 4.1 所示。

表 4.1　标度值

标度	含义
0.5	两个元素相比同等重要
0.6	两个元素相比，前者比后者稍微重要
0.7	两个元素相比，前者比后者明显重要
0.8	两个元素相比，前者比后者重要得多
0.9	两个元素相比，前者比后者极端重要
0.1,0.2	表示反比较
0.3,0.4	表示反比较

判断矩阵基本格式：

$$\boldsymbol{R}_n = \begin{bmatrix} 0.5 & \cdots & r_{1n} \\ \vdots & \ddots & \vdots \\ r_{n1} & \cdots & 0.5 \end{bmatrix} \tag{4.3}$$

式中，n 为同一层次下元素的数量；r_{ij} 表示同一层次下第 i 个元素与第 j 个元素相比的标度。

在计算 4 阶及以上判断矩阵时，粒子群算法容易陷入局部最优导致无法计算出最优结果，为尽可能地避免算法陷入局部最优，这里引入三种非线性递减策略对粒子群算法进行改进：式（4.4）递减策略为一条开口向下的抛物线；式（4.5）

递减策略为一条开口向上的抛物线；式（4.6）递减策略为一条指数曲线；式（4.7）为线性递减惯性权重（Linear Decreasing Inertia Weight）策略，该策略通过动态调整惯性权重 w，以平衡算法的全局搜索和局部搜索能力。

$$w_1 = -(w_{start} - w_{end})\left(\frac{t}{t_{max}}\right)^2 + w_{start} \tag{4.4}$$

$$w_2 = (w_{start} - w_{end})\left(\frac{t}{t_{max}}\right)^2 + (w_{end} - w_{start})\frac{2t}{t_{max}} + w_{start} \tag{4.5}$$

$$w_3 = w_{end}(w_{start}/w_{end})^{1/(1+c_3 t/t_{max})} \tag{4.6}$$

$$w_4 = (w_{start} - w_{end})\frac{t_{max} - t}{t_{max}} + w_{end} \tag{4.7}$$

式中，t_{max} 表示最大进化次数；w_{start} 表示初始惯性权重；w_{end} 表示结束惯性权重；t 表示当前迭代次数。在大多数应用中，$w_{end} = 0.4$，$w_{start} = 0.95$，c_3 取 10。

根据表 4.1 的规范生成 4 阶矩阵如下：

$$\boldsymbol{A} = \begin{bmatrix} 0.5 & 0.3 & 0.6 & 0.4 \\ 0.7 & 0.5 & 0.8 & 0.7 \\ 0.4 & 0.2 & 0.5 & 0.3 \\ 0.6 & 0.3 & 0.7 & 0.5 \end{bmatrix}$$

针对 $\boldsymbol{A}$ 矩阵，采用三种不同非线性策略的算法与 LDIW 策略进行对比实验，式（4.1）为目标函数值，每个算法运行 10 次，相关参数如表 4.2 所示。计算结果为 CIF 值（理论值为 0）以及 LO（是否陷入局部最优，是为 1，否为 0）。实验结果如表 4.3 所示。

表 4.2　粒子群算法相关参数

NDW-PSO	参数
最大迭代次数	180
粒子种群数量	40
加速常数	$c_1 = c_2 = 2$

表 4.3　实验结果

编号	PSOw$_1$-FAHP		PSOw$_2$-FAHP		PSOw$_3$-FAHP		PSOw$_4$-FAHP	
	CIF	LO	CIF	LO	CIF	LO	CIF	LO
1	0.0113	1	1.7347e-18	0	1.7347e-18	0	1.7417e-18	0
2	0.0019	1	1.7347e-18	0	6.2500e-04	0	1.7376e-18	0
3	7.4445e-12	0	1.7347e-18	0	1.7347e-18	0	0.0019	1
4	3.6541e-17	0	1.7347e-18	0	1.7347e-18	0	1.7367e-18	0

编号	PSOw$_1$-FAHP		PSOw$_2$-FAHP		PSOw$_3$-FAHP		PSOw$_4$-FAHP	
	CIF	LO	CIF	LO	CIF	LO	CIF	LO
5	1.3597e-14	0	1.7347e-18	0	0.0019	1	1.7516e-18	0
6	1.9284e-12	0	1.7347e-18	0	0.0019	1	6.7079e-18	0
7	3.3225e-12	0	1.7347e-18	0	0.0019	1	2.0348e-19	0
8	1.2578e-14	0	1.7347e-18	0	1.7347e-18	0	1.7353e-18	0
9	9.5631e-13	0	1.7347e-18	0	0.0019	1	0.0013	1
10	0.0019	1	1.7347e-18	0	0.0019	1	1.7380e-18	0

从实验结果可以看出，采用 w_1 递减策略的算法性能较差，有 3 次陷入局部最优；采用 w_3 递减策略的算法性能较差，有 5 次陷入局部最优；采用 w_2 递减策略的算法性能最优，没有陷入局部最优且 CIF 值完全一致；采用 w_4 递减策略的算法性能较优，有两次陷入局部最优。最终选择 w_2 递减策略对算法进行改进，迭代公式如下：

$$v_{id}^{k+1} = wv_{id}^{k} + c_1 \times rand_1^{k} \times (Pbest_{id}^{k} - x_{id}^{k}) + c_2 \times rand_2^{k} \times (Gbest_{id}^{k} - x_{id}^{k}) \tag{4.8}$$

$$x_{id}^{k+1} = x_{id}^{k} + v_{id}^{k+1} \tag{4.9}$$

$$w = w_2 \tag{4.10}$$

（3）层次单排序

由所构造的模糊判断矩阵应用混合粒子群优化算法实现式（4.1）的求解，得出最终的模糊判断矩阵的修正值及各元素的权重值。由模糊判断矩阵的阶数确定粒子的维度，设定粒子的最大迭代次数、粒子规模数、粒子位置和速度的范围等参数。

（4）层次总排序

根据各层次的单排序计算各元素针对目标层的相对权重值。层次总排序需从上往下进行。假定第 k-1 层相对目标层的权重为 $\boldsymbol{W}^{(k-1)}$，第 k 层相对目标层的权重为 $\boldsymbol{W}^{(k)}$，k 层元素相对 k-1 层的权重为 $\boldsymbol{P}$，其中不隶属于某元素的权重记为 0，则 $\boldsymbol{W}^{(k)} = \boldsymbol{W}^{(k-1)}\boldsymbol{P}$。假设子准则层相对于目标层的权重为 $\boldsymbol{W}_{p}$，方案层相对于目标层的权重为 $\boldsymbol{W}_{T}$。

根据上述因素集，具体计算公式如下：

$$\boldsymbol{W}_{p1} = \boldsymbol{W}_{E(1 \times 3)} \tag{4.11}$$

$$\boldsymbol{W}_{p2} = \begin{bmatrix} W_{E1} & 0 & 0 \\ 0 & W_{E2} & 0 \\ 0 & 0 & W_{E3} \end{bmatrix}_{3 \times 10} \tag{4.12}$$

$$W_{\mathrm{p}} = W_{\mathrm{p1}} \cdot W_{\mathrm{p2}} \tag{4.13}$$

$$W_{\mathrm{T}} = W_{\mathrm{p}(1 \times 10)} \begin{pmatrix} W_{\mathrm{E11}} \\ W_{\mathrm{E12}} \\ W_{\mathrm{E13}} \\ W_{\mathrm{E14}} \\ \vdots \end{pmatrix}_{10 \times m} \tag{4.14}$$

式(4.14) 中，m 为方案层的数量。

4.5.2　绿色生产服务智能决策算例分析

在绿色生产服务智能决策中，对选取绿色工艺方法的这一决策问题进行分析。某轮胎制造企业在材料选择阶段存在三种绿色工艺方法：一是使用天然橡胶替代合成橡胶（A）；二是通过回收废弃轮胎和橡胶产品，提取再生橡胶（B）；三是低挥发性有机化合物（VOCs）释放的合成橡胶（C）。通过消费者调查与专家评审来确定三种方法的权重值，最终选择一种加大生产投入。

（1）绿色生产服务智能决策评价指标权重值及一致性函数值

根据混合粒子群优化模型，利用 Matlab 求解各层次下的评价指标权重值，粒子群算法相关参数如表 4.2 所示。准则层的模糊判断矩阵及评价指标权重值如表 4.4 所示；子准则层绿色生产经济性 E_1、绿色生产低碳性 E_2、绿色生产生态性 E_3 的模糊判断矩阵及评价指标权重值分别如表 4.5～表 4.7 所示。

表 4.4　准则层评价指标权重

准则层	E_1	E_2	E_3	W_{E}	CIF 值
E_1	0.5	0.6	0.9	0.5000	
E_2	0.4	0.5		0.4000	
E_3	0.1	0.4	0.5	0.1000	8.3086e-25
修正值	0.8				

表 4.5　E1 子准则层评价指标权重

E_1	E_{11}	E_{12}	E_{13}	E_{14}	W_{E1}	CIF 值
E_{11}	0.5	0.3	0.4	0.6	0.2167	
E_{12}	0.7	0.5	0.6	0.8	0.3500	
E_{13}	0.6	0.4	0.5	0.9	0.2833	1.7347e-18
E_{14}	0.4	0.2	0.1	0.5	0.1500	
修正值	0.7					

表 4.6　E2 子准则层评价指标权重

E_2	E_{21}	E_{22}	E_{23}	W_{E2}	CIF 值
E_{21}	0.5	0.4	0.3	0.2333	
E_{22}	0.6	0.5	0.6	0.3333	1.0683e-17
E_{23}	0.7	0.4	0.5	0.4334	
修正值	0.4				

表 4.7　E3 子准则层评价指标权重

E_3	E_{31}	E_{32}	E_{33}	W_{E3}	CIF 值
E_{31}	0.5	0.7	0.4	0.3666	
E_{32}	0.3	0.5	0.2	0.1667	5.3416e-18
E_{33}	0.6	0.8	0.5	0.4667	
修正值	—				

A、B、C 三种绿色工艺方法相对于子准则层的模糊判断矩阵，其权重计算结果如表 4.8 所示。

表 4.8　方案层相对于子准则层的权重

子准则层 2	权重（A）	权重（B）	权重（C）	子准则层 2	权重（A）	权重（B）	权重（C）
P_1	0.3	0.3	0.4	P_6	0.3	0.6	0.1
P_2	0.3	0.4	0.3	P_7	0.3	0.5	0.2
P_3	0.6	0.2	0.2	P_8	0.2	0.6	0.2
P_4	0.2	0.5	0.3	P_9	0.2	0.6	0.2
P_5	0.4	0.3	0.3	P_{10}	0.3	0.4	0.3

（2）层次总排序

首先计算子准则层相对于目标层的权重 W_p，接着计算方案层相对于目标层的权重 W_T。权重计算结果如表 4.9、表 4.10 所示。

表 4.9　子准则层相对于目标层的权重

子准则层	权重	子准则层	权重
W_{p1}	0.1084	W_{p6}	0.1333
W_{p2}	0.1750	W_{p7}	0.1733
W_{p3}	0.1416	W_{p8}	0.0367
W_{p4}	0.0750	W_{p9}	0.0167
W_{p5}	0.0933	W_{p10}	0.0467

表 4.10　方案层评价指标权重

绿色工艺	评价结果	排名
A	0.3390	2
B	0.4137	1
C	0.2474	3

表 4.10 的权重计算通过式（4.13）以及式（4.14）完成。通过表 4.10 可以看出，B 方法的权重值更高，即可再生橡胶替代合成橡胶的方法更加符合消费者需求，下一期生产可以加大对该绿色工艺方法的生产投入，A 和 C 方法权重较低，在下一期生产中可以适当降低使用天然橡胶替代合成橡胶以及低挥发性有机化合物（VOCs）释放的合成橡胶工艺方法的生产投入。

研究表明，消费者购买行为的变化对绿色生产服务的智能决策具有重要影响。轮胎生产中，随着消费者环境意识的提高，越来越多的消费者开始青睐绿色轮胎产品，企业在选择生产工艺时，需要考虑消费者对环保材料和生产工艺的认可度；除此之外，产品上的绿色标签和第三方认证（如 ISO 14001、绿色产品标识等）可以帮助消费者做出更明智的购买决策，生产企业因此需要在绿色工艺上投入，满足这些标准；消费者在社交媒体上的讨论和评价也会影响其他潜在客户的购买决策，企业可以通过对绿色生产过程进行透明化，增强消费者的购买信心。智能决策层面，通过大数据分析了解市场趋势与消费者偏好，能够识别对绿色轮胎产品有高需求的细分市场；在选择工艺方法前，进行全过程的环境影响评估，能够在一定程度上确保所选的生产工艺在各个环节都尽量减少对环境的负面影响；通过智能制造技术，实时监控生产过程中的能耗和排放情况，能够及时调整工艺以优化资源使用。

4.6　基于混合自适应遗传蜂群算法的单目标绿色生产服务活动优选决策算法

在绿色生产服务系统集成的过程中，绿色生产服务活动优选是关键问题之一。该案例首先提出了绿色生产服务的生产度、服务度与绿色度三种指标的计算方式，并在此基础上构建了一种基于综合度的单目标绿色生产服务活动优选模型（BC-GPSAS）。为了求解此模型，本节提出一种混合自适应遗传蜂群算法（HAGABC），将反向学习策略与自适应遗传算子引入传统的人工蜂群算法中。设置大量的对比实验验证了所提算法良好的寻优性能，并使用实际案例验证了所提模型的有效性[174]。

4.6.1　单目标绿色生产服务活动优选模型的建立

如图 4.21 所示，绿色生产服务活动优选的总流程为：首先，终端用户提出具体的复杂生产需求。云平台将复杂生产需求分解为若干个子生产需求，为子生产需求匹配相应的生产活动候选集。每个生产活动候选集由若干可以完成子生产需求的候选生产活动组成，每个候选生产活动由相应的生产企业提供。然后，提供生产活动的生产企业会联合提出整体复杂生产性服务需求，由云平台将复杂生产性服务需求分解为若干子服务需求，并将每个子服务需求与相应的服务活动候选集相匹配。每个服务活动候选集由多个可以完成子服务需求的候选服务活动组成，每个候选服务活动由相应的服务企业提供。最后，通过具体的智能优化算法根据由绿色度、服务度与生产度线性加权形成的综合度，在每个生产活动候选集与每个服务活动候选集中优选出相应的绿色生产活动与相应的绿色服务活动，组成最优组合绿色生产服务活动，结合三类主体集成为绿色生产服务系统。具体符号表示如下所示：

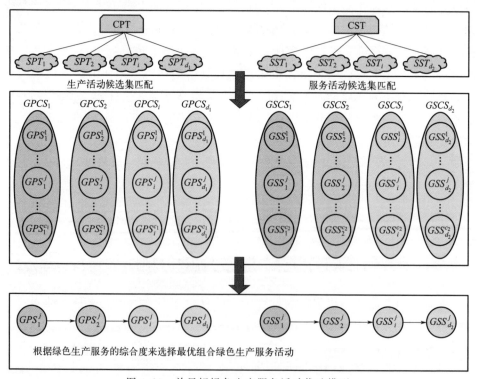

图 4.21　单目标绿色生产服务活动优选模型

① 复杂生产需求分解：当终端用户提出复杂的生产需求 CPT 之后，CPT 将被分解为 d_1 个子生产需求 SPT 即 $CPT = \{ SPT_1, SPT_2, \cdots, SPT_i, \cdots,$

SPT_{d_1}}，其中，SPT_i 表示第 i 个子生产需求，且 $i=1$，2，$\cdots$，d_1。

②　生产活动候选集的匹配：对于第 i 个子生产需求 SPT_i，平台需要为其匹配相应的生产活动候选集 $GPCS_i$，$GPCS_i$ 由 c_1 个候选生产活动来组成，即 $GPCS_i = \{GPS_i^1, GPS_i^2, \cdots, GPS_i^j, \cdots, GPS_i^{c_1}\}$，其中，$GPS_i^j$ 表示第 i 个生产活动候选集中第 j 个候选生产活动，且 $j=1,2,\cdots,c_1$。

③　复杂生产性服务需求分解：当生产企业提出整体复杂生产性服务需求 CST 之后，CST 将被分解为 d_2 个子服务需求 SST，即 $CST = \{SST_1, SST_2, \cdots, SST_i, \cdots, SST_{d_2}\}$，其中，$SST_i$ 表示第 i 个子服务任务且 $i=1,2,\cdots,d_2$。

④　服务活动候选集的匹配：对于第 i 个子服务需求 SST_i，平台需要为其匹配相应的服务活动候选集 $GSCS_i$，$GSCS_i$ 由 c_2 个候选服务活动来组成，即 $GSCS_i = \{GSS_i^1, GSS_i^2, \cdots, GSS_i^j, \cdots, GSS_i^{c_2}\}$，其中，$GSS_i^j$ 表示第 i 个服务活动候选集中第 j 个候选服务活动，且 $j=1,2,\cdots,c_2$。

⑤　绿色生产服务活动优选：使用平台中的混合自适应遗传蜂群算法（HAGABC），根据综合度在每个生产活动候选集与每个服务活动候选集中优选出相应的绿色生产活动与绿色服务活动，组成最优组合绿色生产服务活动，结合三类主体集成为绿色生产服务系统。

4.6.2　绿色生产服务活动优选评价指标

绿色生产服务活动优选过程应确定相应的评价指标，本案例使用的评价指标是在前面从上文提出的生产度、服务度与绿色度的基础上建立的。

4.6.2.1　绿色生产服务生产度

绿色生产服务的生产度由生产时间 PT、生产成本 PC、产品质量 PR 三个指标组成，三个指标的计算方式如下。

生产时间 PT 指完成所有绿色生产活动所需的总时间。表达式如下：

$$PT = \sum_{i=1}^{d_1} \sum_{j=1}^{c_1} x_{ij} pt(GPS_i^j) \tag{4.15}$$

式中，$pt(GPS_i^j)$ 为 GPS_i^j 被相应的生产企业执行所需的时间；当 GPS_i^j 从 $GPCS_i$ 中被选出时 x_{ij} 为 1，否则 x_{ij} 为 0。

生产成本 PC 指完成所有绿色生产活动所需的总成本，表达式如下：

$$PC = \sum_{i=1}^{d_1} \sum_{j=1}^{c_1} x_{ij} pc(GPS_i^j) \tag{4.16}$$

式中，$pc(GPS_i^j)$ 为 GPS_i^j 被相应的生产企业执行所需的成本。

产品质量 PR 指所有绿色生产活动执行结束后，对生产出的产品的质量总评价，表达式如下：

$$PR = \prod_{i=1}^{d_1} \left[\sum_{j=1}^{c_1} x_{ij}\, pr(GPS_i^j) \right] \tag{4.17}$$

式中，$pr(GPS_i^j)$ 表示 GPS_i^j 被相应的生产企业执行结束后，对生产出的产品的质量评价。

4.6.2.2 绿色生产服务服务度

绿色生产服务的服务度由服务时间 ST、服务成本 SC 与服务满意度 SR 三个指标组成，三个指标的计算方式如下。

服务时间 ST 指完成所有绿色服务活动所需的总时间，表达式如下：

$$ST = \sum_{i=1}^{d_2} \sum_{j=1}^{c_2} y_{ij}\, st(GSS_i^j) \tag{4.18}$$

式中，$st(GSS_i^j)$ 为 GSS_i^j 被相应的服务企业执行所需时间；当 GSS_i^j 从 $GSCS_i$ 中被选出时 y_{ij} 为 1，否则 y_{ij} 为 0。

服务成本 SC 指完成所有绿色服务活动所需的总成本，表达式如下：

$$SC = \sum_{i=1}^{d_2} \sum_{j=1}^{c_2} y_{ij}\, sc(GSS_i^j) \tag{4.19}$$

式中，$sc(GSS_i^j)$ 为 GSS_i^j 相应的服务企业执行所需的成本。

服务满意度 SR 指所有绿色服务活动执行结束后，相应的服务需求者对绿色服务活动的总满意度，表达式如下：

$$SR = \prod_{i=1}^{d_2} \left[\sum_{j=1}^{c_2} y_{ij}\, sr(GSS_i^j) \right] \tag{4.20}$$

式中，$sr(GSS_i^j)$ 表示在 GSS_i^j 被相应的服务企业执行后，相应服务需求者对服务的满意度。

4.6.2.3 绿色生产服务绿色度

绿色生产服务的绿色度由能耗（生产能耗 PE、服务能耗 SE）与碳排放（生产碳排放 PCC、服务碳排放 SCC）两个指标组成。由于企业生产过程中的能耗与碳排放难以评估，在进行能耗与碳排放计算时仅考虑了生产活动与服务活动期间物流的能耗与碳排放。计算方式如下。

（1）燃油消耗计算

生产企业与服务企业进行生产活动与服务活动的过程中物流会产生大量的燃油消耗，其燃油消耗量与运输距离、货物重量等因素均有直接关系。

燃油消耗率的线性公式为[175]：

$$qc(W_1) = u(W_0 + W_1) + c \qquad (4.21)$$

式中，$qc(W_1)$ 表示货车负载量为 W_1 时的燃油消耗；W_0 为货车空载时的质量；u 为自变量系数；c 为常数变量。货车空载时燃油消耗率 $qc(W_0) = u(W_0) + c$，货车满载时燃油消耗率 $qc(W_f) = u(W_0 + W_f) + c$，可以得到自变量系数 u 表达式为：

$$u = \frac{qc(W_f) - qc(W_0)}{W_f} \qquad (4.22)$$

因此，当货车的负载量为 W 时，其燃油消耗量表达式为：

$$qc(W) = [qc(W_f) - qc(W_0)]/W_f \times W + qc(W_0) \qquad (4.23)$$

（2）生产物流能耗

生产物流能耗 PE 指完成所有绿色生产活动期间的物流总能耗，表达式如下：

$$PE = \sum_{i=1}^{d_1-1} pe(GPS_i) \qquad (4.24)$$

$$pe(GPS_i) = q_{\text{fuel}} \sum_{i}^{d_1-1} \sum_{j=1}^{c_1} \sum_{j'=1}^{c_1} x_{ij} x_{i+1j'} d(GPS_i^j, GPS_{i+1}^{j'})$$

$$\left[\frac{qc(W_f) - qc(W_0)}{W_f} W_j + qc(W_0) \right] \qquad (4.25)$$

式中，q_{fuel} 为柴油的热值；W_j 为需要运输的货物质量；$d(GPS_i^j, GPS_{i+1}^{j'})$ 为 GPS_i^j 与 $GPS_{i+1}^{j'}$ 对应的两个生产企业之间的距离；$pe(GPS_i)$ 为被选择的 GPS_i^j 与 $GPS_{i+1}^{j'}$ 对应的两个生产企业之间因物流而产生的能耗。

（3）服务物流能耗

服务物流能耗 SE 指完成所有绿色服务活动期间的物流总能耗，表达式如下：

$$SE = \sum_{i=1}^{d_2} se(GSS_i) \qquad (4.26)$$

$$se(GSS_i) = q_{\text{fuel}} \sum_{r=1}^{d_1} \sum_{p=1}^{c_1} \sum_{i=1}^{d_2} \sum_{j=1}^{c_2} h x_{ij} y_{ij} d(GSS_i^j, GPS_p^r)$$

$$\left[\frac{qc(W_f) - qc(W_0)}{W_f} W_j + qc(W_0) \right] \qquad (4.27)$$

式中，W_j 为 GSS_i^j 在被执行时需要运输的货物质量；$d(GSS_i^j, GPS_p^r)$ 为 GSS_i^j 对应的服务企业与 GPS_p^r 对应的生产企业之间的距离；$se(GSS_i)$ 为被选择的 GSS_i^j 对应的服务企业与被选择的 GPS_p^r 对应的生产企业之间因物流运输而产生的能耗；h 为判断当前所选择的 GSS_i^j 对应的服务企业与 GPS_p^r 对应的生产企业是否存在供需关系，若存在，则 $h=1$，否则 $h=0$。

（4）生产物流碳排放

生产物流碳排放 PCC 指完成所有绿色生产活动期间的物流总碳排放，表达式如下：

$$PCC = \sum_{i=1}^{d_1-1} pcc(GPS_i) \tag{4.28}$$

$$pcc(GPS_i) = c_{\text{fuel}} \sum_{i}^{d_1-1} \sum_{j=1}^{c_1} \sum_{j'=1}^{c_1} r x_{ij} x_{i+1j'} d(GPS_i^j, GPS_{i+1}^{j'})$$
$$\left[\frac{qc(W_f) - qc(W_0)}{W_f} W_j + qc(W_0)\right] \tag{4.29}$$

式中，c_{fuel} 为柴油的碳排放因子；$pcc(GPS_i)$ 为被选择的 GPS_i^j 与 $GPS_{i+1}^{j'}$ 对应的两个生产企业之间因物流运输而产生的碳排放。

（5）服务物流碳排放

服务物流碳排放 SCC 指完成所有绿色服务活动期间的物流总碳排放，表达式如下：

$$SCC = \sum_{i=1}^{d_2} scc(GSS_i) \tag{4.30}$$

$$scc(GSS_i) = c_{\text{fuel}} \sum_{r=1}^{d_1} \sum_{p=1}^{c_1} \sum_{i=1}^{d_2} \sum_{j=1}^{c_2} h x_{ij} y_{ij} d(GSS_i^j, GPS_p^r)$$
$$\left[\frac{qc(W_f) - qc(W_0)}{W_f} W_j + qc(W_0)\right] \tag{4.31}$$

式中，$scc(GSS_i)$ 为被选择的 GSS_i^j 对应的服务企业与被选择的 GPS_i^j 对应的生产企业之间因物流运输而产生的碳排放。

4.6.2.4 绿色生产服务综合度

上述各评价指标在进行累加或者累乘时应先进行归一化处理。在归一化处理过程中，评价指标分为正属性指标（x_k^+）与负属性指标（x_k^-），具体的表达式如下：

$$x_k^+ = \begin{cases} \dfrac{x_k - x_{\min}}{x_{\max} - x_{\min}}, & x_{\max} \neq x_{\min} \\ 1, & x_{\max} = x_{\min} \end{cases} \tag{4.32}$$

$$x_k^- = \begin{cases} \dfrac{x_{\max} - x_k}{x_{\max} - x_{\min}}, & x_{\max} \neq x_{\min} \\ 1, & x_{\max} = x_{\min} \end{cases} \tag{4.33}$$

式中，$x_{\max}$ 与 $x_{\min}$ 分别表示绿色生产服务活动中各评价指标的最大值与最小值，其中正属性指标包括 $pr(GPS_i^j)$ 和 $sr(GSS_i^j)$，负属性指标包括 $pe(GPS_i)$、$se(GSS_i)$、$pcc(GPS_i)$、$scc(GSS_i)$、$st(GSS_i^j)$、$sc(GSS_i^j)$、$pt(GPS_i^j)$、$pc(GPS_i^j)$。

组合绿色生产服务活动的生产度（PD）、服务度（SD）与绿色度（GD）通过线性加权法得到组合绿色生产服务活动的综合度（CD），表达式如下：

$$PD = w_1 \times PT/d_1 + w_2 \times PC/d_1 + w_3 \times \sqrt[d]{PR} \tag{4.34}$$

$$SD = w_1 \times ST/d_2 + w_2 \times SC/d_2 + w_3 \times \sqrt[d_2]{SR} \tag{4.35}$$

$$GD = w_4 \times SE/d_2 + w_5 \times SCC/d_2 + w_4 \times PE/(d_1-1) + w_5 \times PCC/(d_1-1) \tag{4.36}$$

$$CD = w_6 \times PD + w_7 \times SD + w_8 \times GD \tag{4.37}$$

综上所述，求解 BC-GPSAS 问题即求综合度（CD）的最大值。在构建绿色生产服务活动优选模型时，假设每类生产企业提出的生产性服务需求相同，生产需求与生产性服务需求的逻辑结构均为顺序结构，忽略生产过程中质量变化，开展权重系数实验[176]，权重系数分别设置为 $w_1 = 0.2970$，$w_2 = 0.1634$，$w_3 = 0.5396$，$w_4 = 0.50$，$w_5 = 0.50$，$w_6 = 0.30$，$w_7 = 0.30$，$w_8 = 0.40$。

4.6.3　混合自适应遗传蜂群算法

4.6.3.1　标准人工蜂群算法

人工蜂群算法（ABC）自提出以来受到了广泛的关注，并被应用到流水线调度、组合优选与制造服务资源分配等多个领域。

标准 ABC 流程：食物源数量为 SN，食物源的迭代阈值为 SCP，算法最大迭代次数为 $Maxit$，适应度值为 $fitness$，雇佣蜂与跟随蜂的数量与食物源的数量同为 SQ。随机产生 SN 个 D 维蜜源，表达式如下：

$$x_{ij} = x_{\min j} + rand[0,1](x_{\max j} - x_{\min j}) \tag{4.38}$$

式中，x_{ij} 表示第 i 个食物源中的第 j 维度值，$i \in \{1,2,\cdots,SN\}, j \in \{1,2,\cdots,D\}$；$x_{\max j}$、$x_{\min j}$ 表示第 j 维食物源的最大值与最小值。

（1）雇佣蜂阶段

雇佣蜂阶段，雇佣蜂通过式(4.39)来搜索新的可行性食物源。利用贪心算法，将新食物源的适应度值与旧食物源的适应度值相比较，保留适应度值较高的食物源。同时每一个食物源都有一个迭代阈值 SCP，当未被修改的次数达到迭代阈值时，此食物源将会被替换掉。

$$new\_x_{ij} = x_{ij} + rand[-1,1](x_{ij} - x_{kj}) \tag{4.39}$$

式中，k 的取值为 $[1, SN]$，且 k 不等于 i。

（2）跟随蜂阶段

跟随蜂阶段，跟随蜂首先使用轮盘赌来确定将要更新的食物源，轮盘赌的计算方式如式(4.40)所示。然后，跟随蜂通过式(4.39)再一次对新食物源进行探索。最后，对新旧食物源进行贪婪选择。

$$p_j = \frac{f_j}{\sum_{k=1}^{SN} f_k} \tag{4.40}$$

式中，f_j 为第 j 个食物源的适应度值；p_j 表示选择第 j 个食物源的概率，$j \in \{1, 2, \cdots, SN\}$。

（3）侦察蜂阶段

进入侦察蜂阶段，根据前文所述，当某个食物源达到迭代阈值 SCP，探索蜂会根据式(4.38)搜索新的食物源来替换此食物源。

4.6.3.2　算法的改进

（1）食物源编码方式

根据问题的特点，设计一种双层向量编码方案。SN 为食物源的总数量，每个食物源 $so_i (i = 1, 2, \cdots, SN)$ 可以用双层向量的形式表示出来。第一层向量 so_i^1 表示被选择的候选生产活动的编码，向量元素的顺序表示候选生产活动的逻辑顺序，so_i^1 的维度 d_1 表示复杂生产需求分解为子生产需求的个数。第二层向量 so_i^2 表示被选择的候选服务活动的编码，向量元素的顺序表示候选服务活动的逻辑顺序，so_i^2 的维度 d_2 表示复杂生产性服务需求分解为子服务需求的个数。图 4.22 显示了这种对食物源的编码方式，例如，在 $d_1 = 5$，$c_1 = 10$ 且 $d_2 = 5$，$c_2 = 10$ 的单目标绿色生产服务活动优选问题中，假设某一绿色生产服务活动优选结果为 $(GPS_1^4, GPS_2^7, GPS_3^3, GPS_4^4, GPS_5^6)$ 与 $(GSS_1^5, GSS_2^3, GSS_3^2, GSS_4^1, GSS_5^7)$，则此食物源的编码为 $so_i = \begin{bmatrix} (4, 7, 3, 7, 6) \\ (5, 3, 2, 1, 7) \end{bmatrix}$。

（2）基于反向学习策略的食物源初始化

在大多数食物源初始化的阶段，初始食物源往往是随机生成的，给搜索效率和质量带来了不确定性。因此，引入反向学习策略来提高初始食物源的质量，增加了食物源的均匀性与多样性。在食物源初始化阶段，随机生成一初始食物源 so_i，SN 为初始食物源的总数量。并在上界 U_j 与下界 L_j 之间会生成与 so_i 相对应的反向食物源 so_i'，表达式为：

$$\boldsymbol{so}_i = \begin{bmatrix} (so_{i1}^1, so_{i2}^1, \cdots, so_{ik}^1, \cdots, so_{id1}^1) \\ (so_{i1}^2, so_{i2}^2, \cdots, so_{ij}^2, \cdots, so_{id2}^2) \end{bmatrix}, \quad i=1,2,\cdots,SN; k=1,2,\cdots,d_1; j=1,2,\cdots,d_2$$

$$(4.41)$$

$$\boldsymbol{so}_i' = \begin{bmatrix} (so_{i1}^{'1}, so_{i2}^{'1}, \cdots, so_{ik}^{'1}, \cdots, so_{id1}^{'1}) \\ (so_{i1}^{'2}, so_{i2}^{'2}, \cdots, so_{ij}^{'2}, \cdots, so_{id2}^{'2}) \end{bmatrix}, \quad i=1,2,\cdots,SN; k=1,2,\cdots,d_1; j=1,2,\cdots,d_2$$

$$(4.42)$$

$$so_{ij}^{'1} = U_j + L_j - so_{ij}^1 \tag{4.43}$$

$$so_{ij}^{'2} = U_j + L_j - so_{ij}^2 \tag{4.44}$$

将 SN 个初始解与 SN 个反向解合并为 $\{\boldsymbol{so}_i, \boldsymbol{so}_i'\}$。将 $2 \times SN$ 个食物源按照综合度进行降序排序，取前 SN 个食物源作为最终的初始食物源$\boldsymbol{so}_i$。

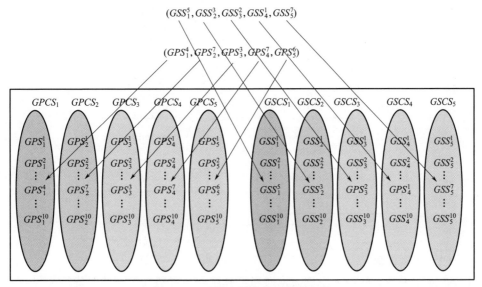

图 4.22　双层向量食物源编码方案

（3）自适应遗传算子

在雇佣蜂搜索行为中引入自适应遗传算子[27] 来提升算法的全局寻优性能。使用多点插入操作代替交叉算子，多点插入操作的具体过程如图 4.23 所示。多点插入操作通过对食物源任意位置的随机交叉来提升食物源的多样性，避免算法陷入局部最优解。本节使用单点变异，即将食物源中某个基因变异为与此基因对应的任意等位基因，单点变异操作的具体过程如图 4.24 所示。对于遗传算子中的交叉算子与变异算子来说，交叉概率 P_c 与变异概率 P_m 设置不当，会对算法的寻优性能产生很大的影响。传统遗传算法的 P_c 和 P_m 的值是固定的，既无法保证优良个体的稳定性，又影响了算法的收敛速率。该算法的迭代过程中可动态

地调整 P_c 与 P_m。P_c 与 P_m 的表达式如下：

$$P_c = \begin{cases} K_1 - \dfrac{(K_1 - K_2)(f' - f_{avg})}{f_{max} - f_{avg}}, & f' \geqslant f_{avg} \\ K_1, & f < f_{avg} \end{cases} \quad (4.45)$$

$$P_m = \begin{cases} K_3 - \dfrac{(K_3 - K_4)(f - f_{avg})}{f_{max} - f_{avg}}, & f \geqslant f_{avg} \\ K_3, & f < f_{avg} \end{cases} \quad (4.46)$$

式中，K_2、K_1 分别为 P_c 的上限与下限；K_4、K_3 分别为 P_m 的上限与下限，f_{max} 为当前所有食物源的适应度值的最大值；f_{avg} 表示当前所有食物源的适应度值的平均值；f' 表示需要执行交叉操作的两个双亲食物源中适应度值较大的一个；f 表示执行变异操作的食物源的适应度值。

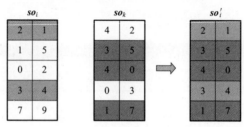

图 4.23　多点插入操作

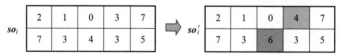

图 4.24　单点变异操作

（4）算法步骤

在分析了基本的改进原理后，对雇佣蜂阶段与跟随蜂阶段的寻优行为与初始食物源的生成方式进行了改进，混合自适应遗传蜂群算法（HAGABC）的具体步骤如图 4.25 所示，说明如下：

步骤 1：初始化参数，包括食物源数量 SN，雇佣蜂的数量 SQ，食物源更新次数 $limit$，算法最大迭代次数 $Maxit$，适应度函数即综合度 CD，跟随蜂的数量 SQ，食物源迭代阈值 SCP，交叉概率 P_c 的上限 K_2 与下限 K_1，变异概率 P_m 的上限 K_4 与下限 K_3。

步骤 2：初始食物源生成，使用双层向量编码方式生成 SN 个初始食物源。

步骤 3：初始食物源的更新，使用反向学习策略对初始食物源进行更新。

步骤 4：计算初始食物源中每个食物源的综合度值，并选择出综合度值最高的食物源作为当前最优解。

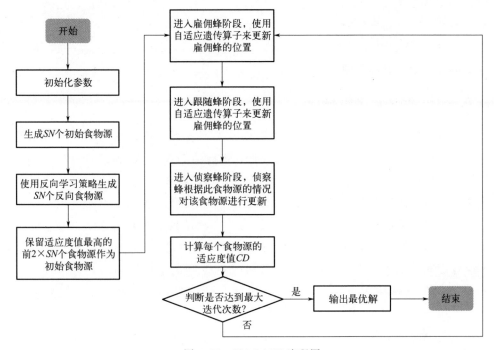

图 4.25　HAGABC 流程图

步骤 5：进行精英集合的选择，在所有食物源中选择出综合度值最高的 $\lceil SN/10 \rceil$ 个食物源作为精英食物源集合。

步骤 6：雇佣蜂搜索阶段。首先，随机生成一新食物源，并在精英集合中随机选择一精英食物源，根据式（4.31）与式（4.32）计算 P_c 与 P_m。然后，引入随机数 r_1，若 $r_1 < P_c$，则将新食物源进行多点插入操作，即将新食物源与选择出的精英食物源进行多点插入操作。接着，引入随机数 r_2，若 $r_2 < P_m$，则将经多点插入后得到的食物源进行单点变异操作，得到新的食物源并计算其综合度值。最后，将新食物源与之前食物源的综合度值进行比较，保留综合度值较高的食物源。

步骤 7：跟随蜂搜索阶段，首先，随机生成一新食物源，并在精英集合中随机选择一精英食物源，根据式（4.31）与式（4.32）计算 P_c 与 P_m。然后，引入随机数 r_1，若 $r_1 < P_c$，则将当前食物源进行多点插入操作，即将当前食物源与选择出的精英食物源进行多点插入操作。接着，引入随机数 r_2，若 $r_2 < P_m$，则将经多点插入后得到的食物源进行单点变异操作，得到新的食物源并计算其综合度值。最后，将新食物源与之前食物源的综合度值进行比较，保留综合度值较高的食物源。

步骤 8：侦察蜂搜索阶段，判断当前食物源更新次数 $limit$ 是否达到迭代阈

值 SCP，若达到迭代阈值，侦察蜂会根据式（4.24）来搜索新食物源，用新食物源来替换当前所在食物源。

步骤9：判断当前算法是否达到最大迭代次数，若达到最大迭代次数，输出最优解；否则，返回步骤6。

4.6.3.3 算法有效性分析

设置不同规模的 BC-GPSAS 算例来验证混合自适应遗传蜂群算法求解单目标绿色生产服务活动优选模型时的有效性，即评估 HAGABC 在求解 BC-GPSAS 问题时的性能。在实验中，BC-GPSAS 数据集是根据参考文献 [179] 的数据生成范围随机生成的，生产时间与服务时间的取值范围为 [10,100] 天，生产成本与服务成本的取值范围为 [10,100] 元/kg，产品质量与服务满意度的取值范围为 [0.75,0.99]，另设货车在运输时载重量的取值范围为 [5,10]t，各个相邻生产企业之间的距离、服务企业与生产企业之间的距离取值范围均为 [100,200] km，柴油的碳排放因子取 2.63kg/L，6.8m 货车满载与空载时的油耗分别取 20L/100km 与 30L/100km，柴油的热值取 3.3×10^7 J/L。本节测试实验所使用的配置为 AMD Ryzen 7 5800H@3.20GHz 八核，16GB 内存，在 win10 系统下 PyCharm2022.2.1 中运行。

将 HAGABC 与遗传算法（GA）、离散人工蜂群算法（DGABC）、灰狼算法（GWO）、标准人工蜂群算法（ABC）在 8 组不同规模的 BC-GPSAS 算例下做了对比实验。8 组算例的规模如表 4.11 所示。所有算法的参数设置如表 4.12 所示。在不同规模的 BC-GPSAS 算例中，将以上 5 种算法在每个算例中独立运行 20 次，结果如表 4.13 和图 4.26 所示。

表 4.11　不同的 BC-GPSAS 问题规模

规模	1	2	3	4	5	6	7	8
d_1	30	30	30	40	40	40	50	50
c_1	40	60	80	40	60	80	40	60
d_2	30	30	30	40	40	40	50	50
c_2	40	60	80	40	60	80	40	60

表 4.12　不同算法的参数设置

算法	参数设置
HAGABC	雇佣蜂与跟随蜂的数量 $SQ=100$，初始种群数量 $SN=100$，最大迭代次数 $Maxit=200$，食物源的迭代阈值 $SCP=100$，$K_1=0.05$，$K_2=0.9$，$K_3=0.005$，$K_4=0.2$
GWO	初始种群数量 $SN=100$，最大迭代次数 $Maxit=200$

续表

算法	参数设置
GA	交叉概率 $p_c = 0.75$，突变概率 $p_m = 0.25$，初始群体大小 $SN = 100$，最大迭代次数为 $Maxit = 200$
DGABC	雇佣蜂与跟随蜂的数量 $SQ = 100$，初始种群数量 $SN = 100$，最大迭代次数 $Maxit = 200$，食物源的迭代阈值 $SCP = 100$
ABC	雇佣蜂与跟随蜂的数量 $SQ = 100$，初始种群数量 $SN = 100$，最大迭代次数 $Maxit = 200$，食物源的迭代阈值 $SCP = 100$

表 4.13　各算法的求解结果对比

规模	CD 值	HAGABC	GWO	GA	ABC	DGABC
1	平均值	**0.624969**	0.568319	0.555130	0.585105	0.592047
1	最大值	**0.642224**	0.583579	0.580984	0.598760	0.607064
1	最小值	**0.613557**	0.554406	0.530947	0.574342	0.579972
2	平均值	**0.626138**	0.566839	0.558773	0.580476	0.584865
2	最大值	**0.647969**	0.585933	0.583381	0.600608	0.605293
2	最小值	**0.601680**	0.551595	0.532235	0.571568	0.571150
3	平均值	**0.626407**	0.557658	0.557013	0.572414	0.572658
3	最大值	**0.648006**	0.571834	0.586036	0.586421	0.587632
3	最小值	**0.600285**	0.539241	0.537020	0.561856	0.560131
4	平均值	**0.604992**	0.552606	0.542423	0.564910	0.59530
4	最大值	**0.627052**	0.569708	0.575692	0.604720	0.606552
4	最小值	**0.586665**	0.538163	0.526344	0.578070	0.551156
5	平均值	**0.599025**	0.565999	0.539925	0.562711	0.569989
5	最大值	**0.616543**	0.579790	0.557028	0.590605	0.591610
5	最小值	**0.585847**	0.551134	0.525637	0.552522	0.551193
6	平均值	**0.607951**	0.548777	0.543816	0.558409	0.559655
6	最大值	**0.635056**	0.567369	0.561932	0.569873	0.576031
6	最小值	**0.588690**	0.526591	0.526687	0.549556	0.549609
7	平均值	**0.586217**	0.547021	0.536363	0.557076	0.562733
7	最大值	**0.599436**	0.562309	0.561376	0.567730	0.566434
7	最小值	**0.571772**	0.535599	0.515764	0.549101	0.556364
8	平均值	**0.582098**	0.536968	0.526542	0.553879	0.546780
8	最大值	**0.592992**	0.552756	0.540719	0.577500	0.563652
8	最小值	**0.568760**	0.524533	0.514471	0.542058	0.534853

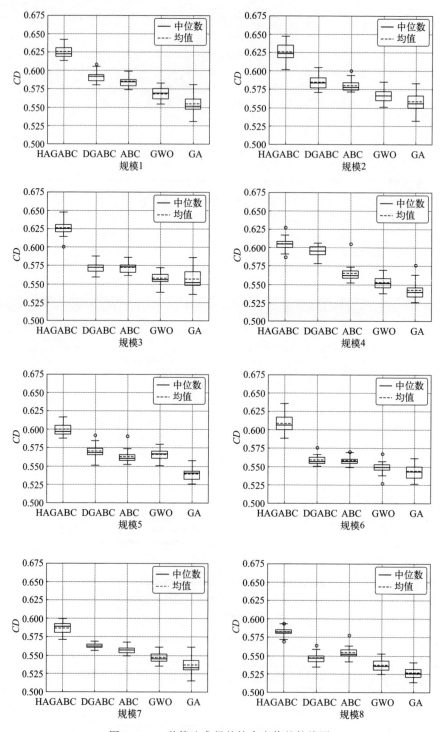

图 4.26　5种算法求得的综合度值的箱线图

如表 4.13 所示，在全部 8 个规模的算例中，对于目标函数 CD 的平均值，HAGABC 都取得了最好的优化结果，表明算法的跟随蜂搜索阶段中所使用的自适应遗传算子可以有效增强所提算法的局部搜索性能。对于目标函数 CD 的最大值，HAGABC 优化结果显著优于其他算法，说明算法的雇佣蜂搜索阶段中所使用的自适应遗传算子有效增强了算法的全局寻优能力，防止算法陷入局部最优解。对于目标函数 CD 的最小值，HAGABC 优化结果明显高于 ABC 与 DGABC，说明反向学习策略提高了初始食物源的质量。因此，上述实验结果表明，使用 HAGABC 解决 BC-GPSAS 问题可以取得更好的结果，验证了 HAGA-BC 在求解该模型时具有良好的寻优性能。

如图 4.26 为 HAGABC 在 8 个不同规模的算例下求解所得到的箱线图，从箱线图中可以看出，对于算法求得所有结果的平均值与中位值，HAGABC 在所有规模的算例中均高于其他几个算法，明显高于 DGABC 与 ABC，验证了本章提出的三种改进方式的有效性。在算法求解的稳定性方面，HAGABC 在 8 个不同规模算例中的 5 个均高于 GA，但是在大部分情况下均不如 ABC 与 DGABC，故所提算法的稳定性有待提升。

4.6.4　算例分析

4.6.4.1　转动轴绿色生产服务活动优选案例流程

转动轴复杂的生产工序会被分为锻造、粗车、精车、车螺纹、粗铣等多个子工序。每个生产工序需要相应的生产性服务。例如，锻造过程中需要不锈钢的供应服务、粗车过程中需要切削液的供应服务、粗铣过程中需要机床维修服务等。以转动轴绿色生产服务为背景来进行案例设计。转动轴绿色生产服务活动优选流程为：终端用户首先提出转动轴复杂生产需求 CPT 提交到云平台，分解为 4 个子生产需求，分别为锻造需求 SPT_1、粗车需求 SPT_2、车螺纹需求 SPT_3、粗铣需求 SPT_4。4 个子生产需求在工业大数据环境下经过匹配得到对应的生产活动候选集，分别为锻造候选集 $GPCS_1$、粗车候选集 $GPCS_2$、车螺纹候选集 $GPCS_3$、粗铣候选集 $GPCS_4$。每个生产活动候选集由 4 个候选生产活动组成。然后，提供各种生产活动的生产企业联合提出整体的复杂生产性服务需求 CST 提交到云平台，平台将其分解为 4 个子服务需求：为锻造企业提出的不锈钢供应服务需求 SST_1、为粗车企业提出的切削液供应服务需求 SST_2、为车螺纹企业提出的螺纹刀供应服务需求 SST_3、为粗铣企业提出的车床清洗剂供应服务需求 SST_4。4 个子服务需求在工业大数据环境下经过匹配得到的服务活动候选集分别为不锈钢供应服务候选集 $GSCS_1$、切削液供应服务候选集 $GSCS_2$、螺纹刀供

应服务候选集 $GSCS_3$、清洗剂供应服务候选集 $GSCS_4$。每个服务活动候选集由 4 个候选服务活动组成。具体关系如图 4.27 所示。最后，使用 HAGABC 算法根据综合度对此案例进行求解，可得到最优组合绿色生产服务活动，结合三类主体集成为转动轴绿色生产服务系统。

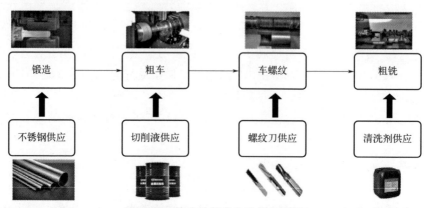

图 4.27　转动轴绿色生产服务案例

4.6.4.2　转动轴绿色生产服务活动优选案例的实验数据

使用文献 [176] 给出的转动轴 4 个生产环节的相关数据与实际调研的 4 类生产性服务的真实数据来进行模型验证。每个候选服务活动供应时间是根据服务企业与相应生产企业所在城市之间的实际运输时间来评估的，每个服务企业与每个生产企业之间的距离与相邻生产企业之间的距离都是通过企业所在城市的实际距离来评估的，忽略生产过程中的质量变化。具体候选生产活动与候选服务活动的实验数据如表 4.14 与表 4.15 所示。

表 4.14　生产活动候选集的具体数据

候选生产活动	生产成本/(元/kg)	生产时间/天	产品质量	所在城市
GPS_1^1	39	13	9.9	无锡
GPS_1^2	33	11	9.3	广州
GPS_1^3	38	8	9.9	武汉
GPS_1^4	41	13	9.5	东莞
GPS_2^1	37	9	9.3	宁波
GPS_2^2	24	13	9.5	武汉
GPS_2^3	43	13	9.0	广州
GPS_2^4	19	11	9.5	东莞
GPS_3^1	26	12	9.8	无锡

续表

候选生产活动	生产成本/(元/kg)	生产时间/天	产品质量	所在城市
GPS_3^2	42	8	9.0	东莞
GPS_3^3	31	8	9.4	宁波
GPS_3^4	27	13	9.3	广州
GPS_4^1	32	12	9.2	宁波
GPS_4^2	35	10	9.4	武汉
GPS_4^3	33	11	9.6	无锡
GPS_4^4	21	12	9.6	武汉

表 4.15　服务活动候选集的具体数据

候选服务活动	服务成本/(元/kg)	服务时间取值范围/天	服务满意度	所在城市
GSS_1^1	30.9	(3,5)	9.5	天津
GSS_1^2	27.3	(1,3)	9.7	常州
GSS_1^3	38.5	(2,4)	9.5	聊城
GSS_1^4	28.4	(1,3)	9.2	佛山
GSS_2^1	14.9	(2,4)	9.6	徐州
GSS_2^2	16.7	(1,3)	9.7	无锡
GSS_2^3	11.7	(1,3)	9.8	泰州
GSS_2^4	15.2	(1,2)	9.8	上海
GSS_3^1	200	(1,3)	9.7	常州
GSS_3^2	262.5	(1,3)	9.5	东莞
GSS_3^3	348.8	(1,3)	9.7	苏州
GSS_3^4	362.5	(1,3)	9.2	佛山
GSS_4^1	10.3	(1,2)	9.0	中山
GSS_4^2	9.12	(1,2)	9.8	青岛
GSS_4^3	10	(2,4)	9.5	南京
GSS_4^4	8.32	(1,3)	9.0	郑州

4.6.4.3　转动轴绿色生产服务活动优选案例求解

假设终端用户需要 4.25t 转动轴,锻造企业需求 5t 不锈钢,粗车企业需要 4t 切削液,螺纹企业需要 1t 螺纹刀,粗铣企业需要 3.5t 车床清洗剂。使用 HAGABC 对此案例进行求解,算法的参数设置见表 4.2。将 HAGABC 在此案例上运行 20 次,取综合度值最大的解作为最优组合绿色生产服务活动。最优组合绿色生产服务活动的相关生产企业与服务企业的分布图如图 4.28 所示。求解

得出的 $\{GPS_1^3, GPS_2^2, GPS_3^1, GPS_4^3, GSS_1^3, GSS_2^1, GSS_3^3, GSS_4^3\}$ 为最优组合绿色生产服务活动，相应的生产企业与服务企业集成为绿色生产服务系统。

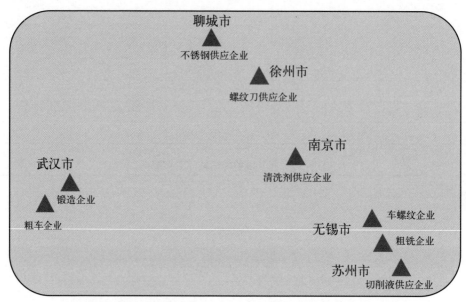

图 4.28　最优组合绿色生产服务活动的相关企业与服务企业分布

4.7　基于融合多策略灰狼算法的多目标绿色生产服务活动优选决策算法

本书 4.6 节中，通过线性加权法将三个指标进行加权计算从而将问题转换为单目标问题，然而主观确定的权重往往会忽略三个指标之间的相互影响。故本节中，首先构建了一种基于绿色度、生产度与服务度的多目标绿色生产服务活动优选模型（MOGPSAS）；其次，提出一种融合多策略的多目标灰狼算法（IMSMOGWO）来求解此模型，在 IMSMOGWO 中，引入了混沌反向学习策略、位置更新权重系数扰动因子、自适应变异扰动策略等；最后，设置大量对比实验验证了所提算法可以求得更为优越的帕累托（Pareto）最优解集，并使用实际案例验证了模型的有效性[174]。

4.7.1　多目标绿色生产服务活动优选模型的建立

如图 4.29 所示，绿色生产服务优选的总流程为：首先，终端用户提出具体的复杂生产需求，平台将复杂生产需求分解为若干个子生产需求，并为每个子生产需求匹配相应的生产活动候选集。每个生产活动候选集由若干个可以完成子生产需求的候选生产活动组成，每个候选生产活动由相应的生产企业提供。然后，提供生产活动的生产企业会提出整体复杂生产性服务需求，由平台将复杂生产性服务需求分解为若干子服务需求，并将每个子服务需求与相应的服务活动候选集相匹配。每个服务活动候选集由多个可以完成子服务需求的候选服务活动组成，每个候选服务活动由相应的服务企业提供。最后，通过具体的多目标优化算法基于绿色度、服务度与生产度三个指标优选出组合绿色生产服务活动的帕累托（Pareto）最优解集，结合三类主体，可集成为多个绿色生产服务系统。具体符号表示如下：

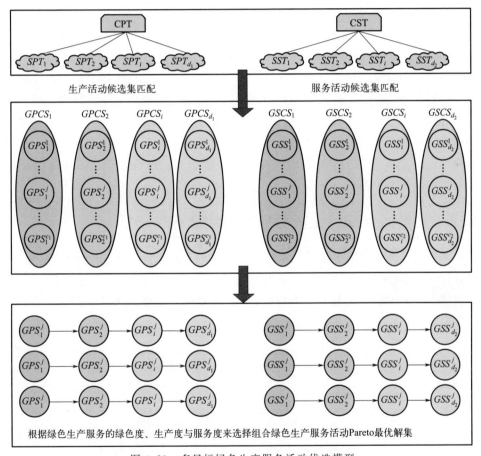

图 4.29　多目标绿色生产服务活动优选模型

① 复杂生产需求分解：当终端用户提出复杂的生产需求 CPT 之后，CPT 将被分解为 d_1 个子生产需求 SPT，即 $CPT = \{SPT_1, SPT_2, \cdots, SPT_i, \cdots, SPT_{d_1}\}$，其中，$SPT_i$ 表示第 i 个子生产需求且 $i=1, 2, \cdots, d_1$。

② 生产活动候选集的匹配：对于第 i 个子生产需求 SPT_i，平台需要为其匹

配相应的生产活动候选集 $GPCS_i$，生产活动候选集 $GPCS_i$ 由 c_1 个候选生产活动来组成，即 $GPCS_i = \{GPS_i^1, GPS_i^2, \cdots, GPS_i^j, \cdots, GPS_i^{c_1}\}$，其中，$GPS_i^j$ 表示第 i 个生产活动候选集中第 j 个候选生产活动且 $j = 1, 2, \cdots, c_1$。

③ 复杂生产性服务需求分解：当生产企业提出整体复杂生产性服务 CST 之后，CST 将被分解为 d_2 个子服务需求 SST，即 $CST = \{SST_1, SST_2, \cdots, SST_i, \cdots, SST_{d_2}\}$，其中，$SST_i$ 表示第 i 个子服务需求且 $i = 1, 2, \cdots, d_2$。

④ 服务活动候选集的匹配：对于第 i 个子服务需求 SST_i，平台需要为其匹配相应的服务活动候选集 $GSCS_i$，服务活动候选集 $GSCS_i$ 由 c_2 个候选服务活动来组成，即 $GSCS_i = \{GSS_i^1, GSS_i^2, \cdots, GSS_i^j, \cdots, GSS_i^{c_2}\}$，其中，$GSS_i^j$ 表示第 i 个服务活动候选集中第 j 个候选服务活动且 $j = 1, 2, \cdots, c_2$。

⑤ 绿色生产服务活动优选：对于单目标的绿色生产服务活动优选模型，通常是将不同的目标通过线性加权法得到一个单一的目标进行求解，但是未能很好地考虑到各个目标之间的相互影响。多目标优化模型是考虑到各个目标之间需要协调与权衡，尽可能使每一个子目标都达到最优解。故应使用平台中的融合多机制的多目标灰狼算法（IMSMOGWO）权衡考虑绿色度、生产度与服务度三个目标后得到组合绿色生产服务活动的 Pareto 最优解集，结合相应三类主体集成为多个绿色生产服务系统。

4.7.2　多目标绿色生产服务活动优选评价指标

多目标绿色生产服务活动优选模型评价指标为绿色度、生产度与服务度。与单目标优化模型不同的是，多目标绿色生产服务活动优选模型需要使用 Pareto 支配的方法对多目标绿色生产服务活动优选模型进行求解，选择出相应的 Pareto 最优解集。Pareto 支配的定义方式如下所示：

① 若存在可行解集 F_1 与 F_2，可行解集 $F_1:\{f_1(x_1), f_2(x_1), \cdots, f_n(x_1)\}$ 支配可行解集 $F_2:\{f_1(x_2), f_2(x_2), \cdots, f_n(x_2)\}$，即满足表达式(4.47) 时表达为 $F_1 \prec F_2$。

$$[\forall i \in \{1, 2, \cdots, n\}, f_i(x_1) \leqslant f_i(x_2)] \wedge [\exists k \in \{1, 2, \cdots, n\}, f_k(x_1) \leqslant f_k(x_2)] \tag{4.47}$$

② 由所有非支配解组成的非支配解集称为 Pareto 最优解集。

多目标绿色生产服务活动优选模型应考虑将最大生产度、最大服务度与最大绿色度转换为最小化问题，即：

$$\begin{cases} \min f_1 = 1 - PD \\ \min f_2 = 1 - SD \\ \min f_3 = 1 - GD \end{cases} \tag{4.48}$$

在求解模型时，假设每类生产企业提出的生产性服务需求相同，生产需求与生产性服务需求的逻辑结构均为顺序结构。

4.7.3　融合多策略灰狼算法

4.7.3.1　灰狼算法

灰狼算法（GWO）是一种新颖的群智能优化算法。该算法的创造灵感来源于灰狼捕食猎物的行为，具有寻优性强、参数少、流程简单、平衡全局与局部搜索性能等特点。GWO 自提出以来，受到了多个领域研究人员的广泛关注，它已经被应用到了路径规划、组合优化、车间调度等领域。

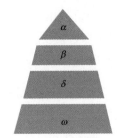

如图 4.30 所示，将灰狼按照社会等级制度分为四个等级，从高到低分别为：α 狼，β 狼，δ 狼，ω 狼。α 狼为狼群的最高领导者，引领着整个狼群。β 狼仅次于 α 狼的领导地位，它服从 α 狼的指挥，辅助 α 狼做出决策。δ 狼仅次于 α 狼与 β 狼的领导地位，它服从 α

图 4.30　灰狼等级分类图

狼与 β 狼的指挥，并指挥着狼群中剩下的狼。ω 狼为狼群中地位最低的狼，它是由狼群中除去 α 狼、β 狼、δ 狼剩下的狼群组成，通常服从 α 狼、β 狼、δ 狼的指挥。

狼群捕猎的行为非常具有特色，主要有包围猎物、狩猎、进攻猎物、探索猎物等过程，以下对 GWO 进行详细描述：

① 包围猎物：在包围猎物时，狼群会进行位置更新，表达式如下：

$$D = \left| C X_{\mathrm{p}}(t) - X(t) \right| \tag{4.49}$$

$$X(t+1) = X_{\mathrm{p}}(t) + AD \tag{4.50}$$

$$A = 2a r_1 - a \tag{4.51}$$

$$C = 2r_2 \tag{4.52}$$

式中，t 为当前算法的迭代次数，X 为灰狼的位置，X_{p} 为猎物的位置，A 与 C 为协同系数，r_1 与 r_2 为各元素 0~1 之间的随机向量，a 为从 2~0 线性减少的向量。

② 狩猎：狩猎过程依靠 α 狼、β 狼、δ 狼的引领来完成。在每次迭代的过程中，α 狼、β 狼、δ 狼的位置会被保留，根据它们的位置来更新 ω 狼的位置。表达式如下：

$$D_\alpha = \left| C_1 X_\alpha(t) - X(t) \right| \tag{4.53}$$

$$D_\beta = \left| C_2 X_\beta(t) - X(t) \right| \tag{4.54}$$

$$D_\delta = |C_3 X_\delta(t) - X(t)| \tag{4.55}$$

$$X_1(t+1) = X_\alpha(t) - A_1 D_\alpha \tag{4.56}$$

$$X_2(t+1) = X_\beta(t) - A_2 D_\beta \tag{4.57}$$

$$X_3(t+1) = X_\delta(t) - A_3 D_\delta \tag{4.58}$$

$$X(t+1) = \frac{X_1(t+1) + X_2(t+1) + X_3(t+1)}{3} \tag{4.59}$$

式中，X_α 为 α 狼的位置，X_β 为 β 狼的位置，X_δ 为 δ 狼的位置，$X(t+1)$ 表示灰狼更新后的位置。

③ 进攻猎物：利用 a 在迭代中线性下降使得 A 的长度在区间上 $[-1,1]$ 波动，灰狼可能出现在当前灰狼与猎物之间的任何位置。

④ 探索猎物：当 $|A|>1$ 时，灰狼会远离猎物，有利于进行全局寻优。C 不会随着迭代而线性减少，避免 GWO 陷入局部最优。

4.7.3.2 多目标灰狼算法

多目标灰狼算法（MOGWO）与 GWO 不同的是在 α 狼、β 狼、δ 狼的选择上需要设置外部存档来存储 Pareto 最优解集。

（1）外部存档（Archive）

在 MOGWO 中，非支配解集是需要被存储到 Archive 中的。Archive 中解的数量 Ar 是需要提前设置的。在灰狼算法的每次迭代过程中，会将更新后灰狼种群的非支配解集与 Archive 进行合并，并确定两者新的非支配解集。若新的非支配解集的解的个数超过提前设置的值，则需要运用网格法来确定拥挤区域的解，并将拥挤区域的部分解删除。

（2）α 狼、β 狼、δ 狼的选择模式

在 MOGWO 中，α 狼、β 狼与 δ 狼是在 Archive 中进行选择。在 Archive 中，每个解所处网格的拥挤程度与每个解被选择为领导狼的概率是成反比的，拥挤度越低的网格中的解成为领导狼的可能性就越大。采用轮盘赌的方法选择出 α 狼、β 狼与 δ 狼。

4.7.3.3 算法的改进

（1）问题编码方式

根据问题的特点，采用二向量模式对 MOGPSAS 问题进行编码，第一向量表示对被选择的生产活动的编码，向量中元素的顺序表示被选择生产活动的逻辑顺序，向量的维度 d_1 表示复杂生产需求分解为子生产需求的个数。第二向量表示对被选择的服务活动的编码，向量中元素的顺序表示服务活动的逻辑顺序，向量的维度 d_2 表示复杂生产性服务需求分解为子服务需求的个数。如图 4.31 所示，在 $d_1=5$，$c_1=10$ 且 $d_2=5$、$c_2=10$ 的多目标绿色生产服务活动优选的问题中，假设某一绿色生产服务活动优选结果为 $(GPS_1^4,GPS_2^7,GPS_3^3,GPS_4^7,$ $GPS_5^6)$ 与 $(GSS_1^5,GSS_2^3,GSS_3^2,GSS_4^1,GSS_5^7)$，则此绿色生产服务活动组合的编码为 $\boldsymbol{X}_i=[(4,7,3,7,6),(5,3,2,1,7)]$。

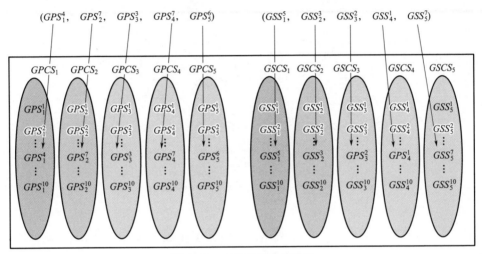

图 4.31　二向量模式编码图

（2）基于混沌反向学习策略的种群初始化

在种群初始化的阶段，初始解一般为随机生成的，这给搜索效率与解的质量带来了不确定性。因此，采用混沌反向学习策略来提高初始解的质量。首先利用混沌变量使得初始种群具有较好的多样性与规律性，再利用反向学习策略对初始解进行进一步优选，提升初始解的质量。初始化阶段，SN 为初始灰狼种群的总数量。首先使用 Tent 混沌映射在解空间中生成两个混沌序列，分别为 $h_1=$ $\{h_{1,i,d}\,|\,i=1,2,\cdots,SN;d=1,2,\cdots,d_1\}$ 与 $h_2=\{h_{2,i,d}\,|\,i=1,2,\cdots,SN;d=1,$ $2,\cdots,d_2\}$。Tent 混沌映射图像如图 4.32 所示，其表达式如式（4.60）与式（4.61）所示。利用得到的两个混沌序列来生成初始解 $\boldsymbol{X}=[\boldsymbol{X}_{\mathrm{pro}};\boldsymbol{X}_{\mathrm{ser}}]$，表达式如式（4.62）与式（4.63）所示。

$$h_{1,i+1,d}=\begin{cases}h_{1,i,d}/a, & h_{1,i,d}<a \\ (1-h_{1,i,d})/(1-a), & h_{1,i,d}\geqslant a\end{cases} \tag{4.60}$$

$$h_{2,i+1,d}=\begin{cases}h_{2,i,d}/a, & h_{2,i,d}<a \\ (1-h_{2,i,d})/(1-a), & h_{2,i,d}\geqslant a\end{cases} \tag{4.61}$$

$$x_{\mathrm{pro},i,d}=X_{\mathrm{mind}}+h_{1,i,d}(X_{\mathrm{maxd}}-X_{\mathrm{mind}}) \tag{4.62}$$

$$x_{\text{ser},i,d} = X_{\text{min}d} + h_{2,i,d}(X_{\text{max}d} - X_{\text{min}d}) \tag{4.63}$$

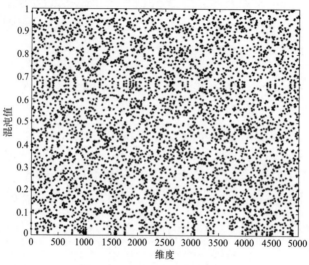

图 4.32　Tent 混沌映射图像

并在各自的上界 $X_{\text{max}d}$ 与下界 $X_{\text{min}d}$ 之间会生成与 X 相对应的反向初始解 $OX = [OX_{\text{pro}}; OX_{\text{ser}}]$，表达式如下：

$$ox_{\text{ser},i,d} = X_{\text{max}d} + X_{\text{min}d} - x_{\text{ser},i,d} \tag{4.64}$$

$$ox_{\text{pro},i,d} = X_{\text{max}d} + X_{\text{min}d} - x_{\text{pro},i,d} \tag{4.65}$$

判断每个初始解是否被其反向解支配。若被其反向解所支配，则使用反向初始解替换当前初始解。

（3）控制参数 a 的非线性调整策略

在 MOGWO 的勘探过程中，当 $|A| > 1$ 时，算法进行全局搜索；当 $|A| < 1$ 时，算法进行局部搜索。控制参数 a 会随着迭代次数的增加而线性减少，这导致 $|A|$ 的浮动，可以平衡算法的局部搜索能力与全局搜索能力。本节将控制参数 a 的线性减少改为非线性减少，使得算法具有更高的性能。非线性控制参数 $a^{[28]}$ 的表达式如下：

$$E = \exp\left[-\frac{it^2}{(K \times Maxit)^2}\right] \tag{4.66}$$

$$a = 2E \tag{4.67}$$

式中，it 为当前迭代次数；$Maxit$ 为算法最大迭代次数；K 为非线性调整指数，取 0.3。与之前的线性控制参数相比，改进之后的非线性控制参数可以提高算法的局部探索能力。

（4）灰狼更新权重系数扰动因子

在 MOGWO 算法中，灰狼进行位置的更新时，将 α 狼、β 狼与 δ 狼对于灰狼的位置更新权重系数均设置为 1/3，这样会影响算法的寻优能力。本节使用一种结合高斯突变与三角函数的权重系数扰动因子[29] 对灰狼的位置更新权重系数进行扰动，从而提高算法的寻优性能。基于高斯突变与三角函数扰动因子的位置更新权重系数表达式如下：

$$\lambda_1 = \left[\lambda_{1min} + (\lambda_{1max} - \lambda_{1min})\cos\frac{2\pi t}{Maxit}\right] - \delta\text{Gaussian}(0,1) \quad (4.68)$$

$$\lambda_3 = \left[\lambda_{3min} + (\lambda_{3max} - \lambda_{3min})\cos\frac{2\pi t}{Maxit}\right] - \delta\text{Gaussian}(0,1) \quad (4.69)$$

$$\lambda_2 = 1 - \lambda_3 - \lambda_1 \quad (4.70)$$

$$\boldsymbol{X}(t+1) = \lambda_1\boldsymbol{X}_1(t) + \lambda_2\boldsymbol{X}_2(t) + \lambda_3\boldsymbol{X}_3(t) \quad (4.71)$$

式中，Gaussian(0,1) 为均值是 0、方差是 1 的正态分布向量；δ 为 0~1 范围内的随机数；λ_1、λ_2、λ_3 为经融合高斯变异与三角函数的扰动因子扰动后的位置更新权重系数，其中 $\lambda_{1min}=0.6$，$\lambda_{3min}=0.08$，$\lambda_{1max}=0.8$，$\lambda_{3max}=0.1$[29]。

(5) 改进领导狼引导策略

使用正余弦算法（SCA）来改进领导狼的引导方式[177]。SCA 利用正弦函数与余弦函数来平衡算法在搜索过程中的局部搜索能力与全局搜索能力。将 SCA 融入 MOGWO 中来改进 α 狼的引导方式。基于 SCA 的 α 狼引导方式的表达式如下：

$$\boldsymbol{D}_\alpha = \begin{cases} rand_1 \times \sin(rand_1) \times |\boldsymbol{C}_1\boldsymbol{X}_\alpha(t) - \boldsymbol{X}(t)|, & rand_1 < 0.5 \\ rand_1 \times \cos(rand_1) \times |\boldsymbol{C}_1\boldsymbol{X}_\alpha(t) - \boldsymbol{X}(t)|, & rand_1 \geq 0.5 \end{cases} \quad (4.72)$$

$$\boldsymbol{X}_1(t+1) = \boldsymbol{X}_\alpha(t) - \boldsymbol{A}_1\boldsymbol{D}_\alpha \quad (4.73)$$

式中，$rand_1$ 是 0~1 范围内的随机数。

(6) 自适应变异扰动机制

对于标准的 MOGWO，在算法的迭代过程中，算法可能会陷入局部最优，灰狼种群的多样性也会下降。因此本节使用一种自适应变异扰动机制来防止算法过早收敛。自适应变异扰动机制[178] 由高斯变异算子与柯西变异算子组成，柯西变异会使灰狼个体的扰动幅度增加，从而避免算法过早收敛。高斯变异会增强算法的局部搜索能力。故在算法的迭代前期，柯西变异的权重应设置得更高。在算法的迭代后期，高斯变异的权重应逐步增加。自适应变异扰动机制的表达式如下：

$$\boldsymbol{X}_m = \frac{it}{Maxit}[\boldsymbol{X} + \boldsymbol{X}r\text{Gaussian}(0,1)] + \left(1 - \frac{it}{Maxit}\right)[\boldsymbol{X} + \boldsymbol{X}r\text{Cauchy}(0,1)]$$

$$(4.74)$$

式中，Gaussian(0,1) 为均值是 0、方差是 1 的正态分布；Cauchy(0,1) 为均值是 0、方差是 1 的柯西分布；it 为当前算法迭代次数；$Maxit$ 为算法最大迭代次数。

（7）改进 Archive 的更新策略

MOGWO 通过所有个体之间的支配关系来确定最优支配解集。在解决多目标绿色生产服务活动优选问题时，通常会引入 Archive 来实时存储当前非支配解集。在算法的每次迭代过程中，应将本次迭代新生成的个体与外部存档的成员进行比较，然后根据此次比较的结果来更新 Archive 中的非支配解集。在 Archive 的更新过程中，应满足以下条件：

① 将本次迭代过程中灰狼种群的非支配解集、Archive 中的个体进行合并后，保留两者非支配解。

② 为了提高种群的多样性，本节在更新 Archive 时，将式（4.74）生成的个体与未经扰动的灰狼个体也用作更新外部存档，以提高灰狼种群的多样性。

③ 当存档已满时，会去除拥挤度较高的网格中的个体，添加新个体。这有助于提高 Pareto 最优解集的多样性。

（8）具体步骤

使用上述改进策略对 MOGWO 进行改进，得到融合多策略的多目标灰狼算法（IMSMOGWO）。IMSMOGWO 的具体步骤如下所示：

步骤 1：初始化参数，包括灰狼种群数量 SN、算法最大迭代次数 $Maxit$、外部存档（Archive）的大小 Ar 等。

步骤 2：初始灰狼种群的生成，使用二向量编码方式生成 SN 个初始灰狼个体。

步骤 3：初始灰狼种群的更新，使用混沌反向学习策略对初始灰狼种群进行更新。

步骤 4：计算经更新后的灰狼种群中每个灰狼个体的生产度值、服务度值与绿色度值。计算初始灰狼种群的非支配解集并得到初始的 Archive。

步骤 5：使用式（4.72）与式（4.73）计算出控制参数 a 的值，使用式（4.51）与式（4.52）计算出参数 $\boldsymbol{A}$ 与 $\boldsymbol{C}$ 的值，使用轮盘赌的方式在 Archive 中选择出 α 狼、β 狼与 δ 狼。

步骤 6：使用领导狼引导方式与经式（4.68）～式（4.70）计算出的灰狼位置更新权重系数来更新每个灰狼个体的位置。

步骤 7：使用自适应变异扰动机制对当前种群中的灰狼个体的位置进行扰动。

步骤 8：计算出当前灰狼种群中每个灰狼个体的生产度值、服务度值与绿色度值，以及当前灰狼种群的非支配解集。

步骤 9：使用 Archive 更新策略来对 Archive 进行更新。

步骤 10：判断当前算法是否达到最大迭代次数，若达到最大迭代次数，则输出 Pareto 最优解集，否则返回步骤 5。

4.7.3.4　算法有效性分析

(1) 算法评价指标

为了对多目标优化算法的性能进行评估，我们通常会考虑三个指标。

① 世代距离（GD）：世代距离主要是作为衡量非支配解在帕累托最优解集中距离的一种方法，世代距离可以反映求得解集的收敛性。GD 的表达式如下：

$$GD = \frac{\sqrt{\sum_{i=1}^{n} d_i^2}}{n} \tag{4.75}$$

式中，n 为求得的 Pareto 最优解集中解的个数；d_i 为求得的 Pareto 最优解集中第 i 个获得解与真实 Pareto 最优解集之间的欧几里得距离。

② 反世代距离（IGD）：反世代距离是世代距离的逆向映射，可以反映求得解集的综合性能，即同时反映收敛性与多样性。IGD 的表达式如下：

$$IGD = \frac{\sqrt{\sum_{i=1}^{n_1} d_i^2}}{n_1} \tag{4.76}$$

式中，n_1 为真实 Pareto 最优解集中解的个数；d_i 为真实 Pareto 最优解集中第 i 个解与求得的 Pareto 最优解集之间的欧几里得距离。

③ 空间指标（Spacing）：空间指标用来度量求得解集的均匀性指标，Spacing 的表达式如下：

$$Spacing = \sqrt{\sum_{i=1}^{|n|} \frac{(\overline{d} - d_i)^2}{|n| - 1}} \tag{4.77}$$

式中，n 为求得的 Pareto 最优解集中解的个数；d_i 为求得的 Pareto 最优解集中的第 i 个解到真实 Pareto 最优解中每个解的最小距离。

(2) 实验设置与算法的有效性分析

将设置对比实验来验证融合多策略的多目标灰狼算法在求解多目标绿色生产服务活动优选模型时的有效性，即评估 IMSMOGWO 在求解 MOGPSAS 问题时的性能。在实验中，使用 IMSMOGWO 与增强多目标灰狼算法（EMOGWO）、多目标灰狼算法（MOGWO）、改进多目标灰狼算法（IMOGWO）、多目标粒子群算法（MOPSO）在所使用的数据范围基础上设置了 9 组不同规模 MOGPSAS 算例进行了对比实验。测试实验所使用的配置为 AMD Ryzen 7 5800H @ 3.20GHz 八核，16GB 内存，在 win10 系统下 MATLABR2021a 中运行。参考文献［179］中真实 Pareto 最优解的生成方法，从多次实验求得的所有解中选择一个均匀分布的解集作为真实 Pareto 最优解。9 组算例的规模如表 4.16 所示。所有算法的参数设置如表 4.17 所示。将以上五种算法在不同规模的 MOGPSAS 问题中各运行 20 次，结果如图 4.33、图 4.34、表 4.18～表 4.20 所示。

表 4.16 9 组不同规模的 MOGPSAS 算例

规模	1	2	3	4	5	6	7	8	9
d_1	30	30	30	40	40	40	50	50	50
c_1	50	80	100	50	80	100	50	80	100
d_2	30	30	30	40	40	40	50	50	50
c_2	50	80	100	50	80	100	50	80	100

表 4.17 各算法参数设置

算法	参数
IMSMOGWO	灰狼种群数量 $SN=100$，最大迭代次数 $Maxit=200$，外部存档的 Archive 大小 $Ar=100$
EMOGWO	灰狼种群数量 $SN=100$，最大迭代次数 $Maxit=200$，外部存档的 Archive 大小 $Ar=100$
MOGWO	灰狼种群数量 $SN=100$，最大迭代次数 $Maxit=200$，外部存档的 Archive 大小 $Ar=100$
MOPSO	种群数量 $SN=100$，最大迭代次数 $Maxit=200$，外部存档的 Archive 大小 $Ar=100$，个体学习因子 $C_1=1,6$，群体学习因子 $C_2=1.8$，惯性权重 $w=0.9$
IMOGWO	灰狼种群数量 $SN=100$，最大迭代次数 $Maxit=200$，外部存档的 Archive 大小 $Ar=100$

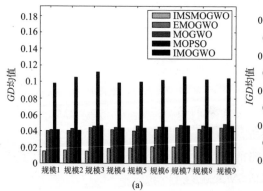
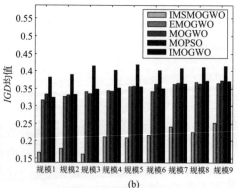

图 4.33 各种算法求得解集的 GD 与 IGD 指标均值的柱状图

表 4.18 *Spacing* 均值的比较结果

Spacing	IMSMOGWO	EMOGWO	MOGWO	MOPSO	IMOGWO
规模 1	**5.21E-03**	1.73E-02	1.71E-02	2.23E-02	1.69E-02
规模 2	**6.49E-03**	1.73E-02	1.72E-02	2.65E-02	1.79E-02

续表

Spacing	IMSMOGWO	EMOGWO	MOGWO	MOPSO	IMOGWO
规模 3	**3.41E-03**	1.89E-02	1.91E-02	2.48E-02	1.73E-02
规模 4	**5.52E-03**	1.45E-02	1.42E-02	1.88E-02	1.55E-02
规模 5	**5.78E-03**	1.39E-02	1.72E-02	1.93E-02	1.44E-02
规模 6	**5.93E-03**	1.64E-02	1.65E-02	1.87E-02	1.54E-02
规模 7	**3.97E-03**	1.48E-02	1.31E-02	1.78E-02	1.48E-02
规模 8	**5.01E-03**	1.35E-02	1.47E-02	1.63E-02	1.38E-02
规模 9	**5.25E-03**	1.41E-02	1.40E-02	1.78E-02	1.33E-02

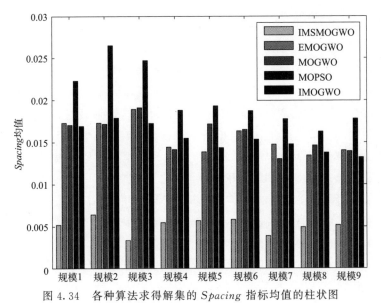

图 4.34　各种算法求得解集的 Spacing 指标均值的柱状图

表 4.19　GD 均值的比较结果

GD	IMSMOGWO	EMOGWO	MOGWO	MOPSO	IMOGWO
规模 1	**1.52E-02**	4.07E-02	4.14E-02	9.77E-02	4.13E-02
规模 2	**1.68E-02**	4.07E-02	4.31E-02	1.05E-01	4.11E-02
规模 3	**1.55E-02**	4.42E-02	4.58E-02	1.12E-01	4.67E-02
规模 4	**1.89E-02**	4.21E-02	4.46E-02	9.82E-02	4.39E-02
规模 5	**1.92E-02**	4.01E-02	4.65E-02	9.96E-02	4.43E-02
规模 6	**2.09E-02**	4.24E-02	4.51E-02	1.02E-01	4.50E-02
规模 7	**2.12E-02**	4.48E-02	4.74E-02	1.07E-01	4.68E-02
规模 8	**2.17E-02**	4.28E-02	4.69E-02	1.03E-01	4.50E-02
规模 9	**2.26E-02**	4.41E-02	4.85E-02	1.04E-01	4.63E-02

表 4.20　IGD 均值的比较结果

IGD	IMSMOGWO	EMOGWO	MOGWO	MOPSO	IMOGWO
规模 1	**1.67E-01**	3.16E-01	3.33E-01	3.82E-01	3.24E-01
规模 2	**1.77E-01**	3.26E-01	3.31E-01	3.89E-01	3.34E-01
规模 3	**1.60E-01**	3.40E-01	3.34E-01	4.02E-01	3.47E-01
规模 4	**2.12E-01**	3.43E-01	3.57E-01	4.04E-01	3.50E-01
规模 5	**2.09E-01**	3.55E-01	3.56E-01	4.02E-01	3.55E-01
规模 6	**2.16E-01**	3.41E-01	3.62E-01	4.01E-01	3.50E-01
规模 7	**2.41E-01**	3.62E-01	3.65E-01	4.06E-01	3.63E-01
规模 8	**2.26E-01**	3.67E-01	3.62E-01	4.11E-01	3.72E-01
规模 9	**2.52E-01**	3.65E-01	3.72E-01	4.14E-01	3.71E-01

　　表 4.18 与图 4.34 列出了 5 种算法所求得解集的 $Spacing$ 均值结果，用于反映算法求得解集的均匀性。与其他 4 个算法相比，IMSMOGWO 在 8 个规模的算例上求得解集的 $Spacing$ 均值明显小于其他算法。表明所提算法求得解集的均匀性良好。IMSMOGWO 在规模 1 情况下求解的效果最好，EMOGWO 求得解集的均匀性在一般情况下比 MOGWO 有优势。IMOGWO 求得解集的均匀性在所有情况下都优于 MOGWO，表明所提的改进策略对于算法求得解集的均匀性有着明显的提升。MOPSO 求得解集的均匀性最差。

　　表 4.19 与图 4.33(a) 给出了不同算法求得解集的 GD 均值，用于反映所有算法求得解集的收敛性。与标准 MOGWO 相比，IMSMOGWO、EMOGWO 与 IMOGWO 求得的解集在收敛性上均更胜一筹。IMSMOGWO 在所有 9 个规模的算例中 GD 均值都取得了最好的效果，表明 IMSMOGWO 求得解集具有良好的收敛性。IMSMOGWO 在所有 9 个规模的算例中求得解集的 GD 均值都明显低于 MOGWO。表明所提的改进策略对于算法求得解集的收敛性有着明显的提升。EMOGWO 与 IMOGWO 求得解集的 GD 均值比较接近。MOPSO 求得解集的收敛性最差。

　　使用 IGD 的结果来综合评价算法求得解集的收敛性和多样性，5 种算法在不同规模的算例下求得解集的 IGD 均值如表 4.20 与图 4.33（b）所示。对于 IMSMOGWO，在所有 9 个规模算例中求得解集 IGD 均值均达到最低。可以得出，相比较于其他 4 个算法，IMSMOGWO 求得解集的综合性能上表现最好。IMSMOGWO 与 MOGWO 相比，求得解集的 IGD 均值明显小于 MOGWO，表明所提的改进策略对算法求得解集的综合性能有着明显的提升作用。EMOGWO 求得解集的综合性能在 9 个规模算例中的 7 个都优于 MOGWO。MOPSO 求得解集的综合性能最差。

　　图 4.35 展示了 5 种算法在求解 4 个大规模 MOGPSAS 算例时得到的 Pareto

前沿分布。从图中可以得出，IMSMOGWO 在 4 种情况下求得的 Pareto 前沿分布对其他 4 种算法求得的 Pareto 前沿分布均起到了支配作用，并且覆盖的区域明显多于其他 4 种算法，IMOGWO 与 EMOGWO 求得解集的情况差别不大，略好于 MOGWO。

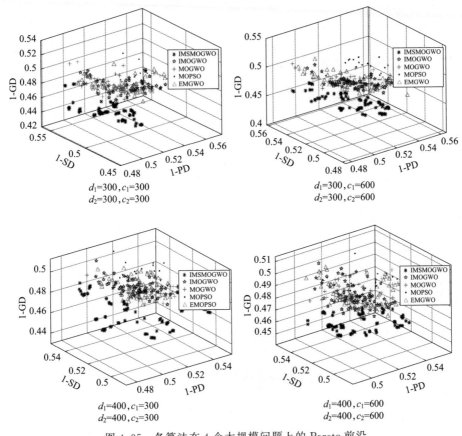

图 4.35　各算法在 4 个大规模问题上的 Pareto 前沿

4.7.4　算例分析

使用转动轴绿色生产服务活动优选案例进行 MOGPSAS 模型验证，假设终端用户需要 4.25t 转动轴，锻造企业需求 5t 不锈钢，精车企业需要 4t 切削液，螺纹企业需要 1t 螺纹刀，粗铣企业需要 3.5t 清洗剂。使用 IMSMOGWO 基于生产度、服务度与绿色度三个指标优选出组合绿色生产服务活动的 Pareto 最优解集。

使用 IMSMOGWO、MOGWO、EMOGWO、MOGWO、MOPSO 这 5 种算法对此案例进行求解，算法的参数设置见表 4.17 所示。将每种算法在此案例上运行 20 次，求得解集的三种评价指标的平均值对比结果如表 4.21 所示。5 种算法对此案例求解得到的 Pareto 最优解集的分布图如图 4.36 所示。

表 4.21　5 种算法求得解集的两种指标的对比结果

算法	GD 均值	Spacing 均值	IGD 均值
IMSMOGWO	1.53E-02	**1.65E-03**	**1.59E-01**
IMOGWO	1.65E-02	7.06E-03	**1.59E-01**
EMOGWO	1.48E-02	4.01E-03	**1.59E-01**
MOGWO	**1.44E-02**	3.17E-02	**1.59E-01**
MOPSO	5.56E-02	2.48E-02	1.95E-01

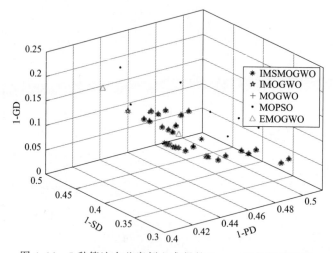

图 4.36　5 种算法在此案例上求得的 Pareto 最优解集比较

根据表 4.21 所示，对于 Spacing 指标，IMSMOGWO 对本节案例求得解集的 Spacing 均值明显低于其他几个算法，表明所提算法对此案例求得解集的综合性能与均匀性均好于其他算法，MOGWO 对比其他 3 个算法也有明显的优势。对于 GD 指标，IMSMOGWO 在对本节案例的求解中，求得解集的 GD 均值略高于 MOGWO 与 EMOGWO，低于其他两个算法，表明 IMSMOGWO 对此案例求得解集的收敛性良好。在图 4.36 中，可以观察到 IMSMOGWO 与 EMOGWO 在此案例上求得的 Pareto 前沿分布对其他三个算法在此解集上求得的 Pareto 前沿分布起着支配作用。

单独使用 IMSMOGWO 对此案例进行求解，算法的参数设为种群规模 SN 为 100，最大迭代次数 $Maxit$ 为 300，外部存档大小 Ar 为 50。求解得到的组合绿色生产服务活动的 Pareto 最优解集的分布图如图 4.37 所示，组合绿色生产服务活动的部分 Pareto 最优解集的具体信息如表 4.22 所示。

表 4.22　组合绿色生产服务活动的部分 Pareto 最优解

序号	部分 Pareto 最优解集
1	$\{GPS_1^1, GPS_2^1, GPS_3^1, GPS_1^2\}\{GSS_1^2, GSS_2^4, GSS_3^1, GSS_4^4\}$
2	$\{GPS_1^3, GPS_2^2, GPS_3^1, GPS_4^3\}\{GSS_1^2, GSS_2^4, GSS_3^1, GSS_4^3\}$
3	$\{GPS_1^3, GPS_2^4, GPS_3^1, GPS_4^2\}\{GSS_1^2, GSS_2^4, GSS_3^1, GSS_4^3\}$
4	$\{GPS_1^2, GPS_2^4, GPS_3^4, GPS_4^2\}\{GSS_1^2, GSS_2^4, GSS_3^2, GSS_4^3\}$
5	$\{GPS_1^1, GPS_2^1, GPS_3^1, GPS_4^3\}\{GSS_1^2, GSS_2^4, GSS_3^1, GSS_4^2\}$
6	$\{GPS_1^3, GPS_2^2, GPS_3^1, GPS_4^2\}\{GSS_1^2, GSS_2^1, GSS_3^1, GSS_4^4\}$
7	$\{GPS_1^2, GPS_2^4, GPS_3^1, GPS_4^2\}\{GSS_1^2, GSS_2^4, GSS_3^1, GSS_4^3\}$

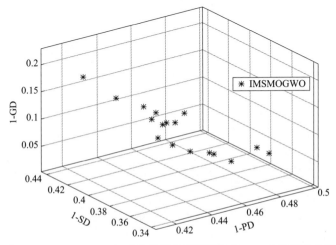

图 4.37　IMSMOGWO 对此案例求解得到的 Pareto 最优解集分布

4.8　本章小结

本章的主要研究工作概括如下：

① 在绿色制造的消费者购买过程参考模型的基础上，建立了消费者的绿色制造购买行为、绿色制造购买行为过程、绿色制造购买行为映射。

② 研究了绿色生产服务的工业物联网方案，并提出了基于物联网的绿色生产服务工业物联网架构和工业物联网设计。

③ 通过对绿色生产服务决策的工艺管理和绿色生产服务智能决策的清洁模型的研究，提出了消费者购买行为驱动的绿色生产服务智能清洁决策方法。

基于消费者满意度的绿色产品服务智能决策

5.1 引言

消费者满意度决定了产品或服务的竞争力，制造与服务的融合为消费者提供了产品服务系统，提高了消费者满意度。在智能制造背景下，消费者使用产品或体验服务会更加便捷，也提高了消费者满意度。绿色制造的推进使得产品更加低碳环保，也大幅度提高了消费者满意度。从绿色产品服务角度看，消费者满意度作用于绿色产品服务决策的各个方面，基于消费者满意度的绿色产品服务决策能够实现绿色制造服务运作中的绿色产品服务评价决策。服务企业、制造企业、终端用户之间形成的绿色产品服务网，借助于工业云环境进行运作，可以通过工业云配置和工业云协同实现绿色产品服务决策。

本章针对绿色产品服务决策，提出了一种基于消费者满意度和工业云的绿色产品服务智能决策方法。该方法首先采用绿色制造服务满意度测度与消费者绿色满意度映射，来构建绿色制造的消费者满意度参考模型；然后从绿色产品角度研究工业云架构，提出了基于云计算的绿色产品服务工业云配置和工业云协同方法；最后通过对绿色产品服务决策运维管理和评价方法研究，提出了基于消费者满意度的绿色产品服务智能评价决策方法。

5.2 绿色制造中的消费者满意度

消费者行为在绿色制造中主要表现为消费者问题识别、消费者购买过程、消费者满意度等内容，绿色制造中的决策与这三种消费者行为密切相关，可以通过消费者行为的工业云运作来管理绿色制造中的决策过程。消费者满意度是消费者在购买之后的决策活动，消费者通过对产品或服务的使用给出评价结果，将评价结果（满意或者不满意）反馈给企业，促进企业产品与服务的持续改善。消费者满意度与绿色产品服务存在内在联系，通过相互映射可以支持绿色制造服务决策。

5.2.1 消费者的绿色制造服务满意度

绿色制造对于消费者满意度愈加重要。产品与服务的绿色低碳环保更加符合消费者需求，消费者在购买绿色制造服务过程中，会更多考虑产品与服务的绿色性，消费者满意度也会增加绿色因素。消费者绿色制造服务满意度是指消费者在购买绿色制造服务之后，使用产品或体验服务的满意程度，也包括消费者对产品或服务在环境污染、能源消耗、碳排放等方面的满意程度。消费者绿色制造服务满意度具体包含绿色设计满意度、绿色生产满意度、绿色产品满意度三方面内容。

在绿色制造中，消费者作为终端用户与服务企业、制造企业形成一个商业生态系统。在资源低碳与环境生态约束下，绿色制造主要包含绿色设计、绿色生产、绿色产品等内容。绿色制造中的消费者满意行为驱动消费者绿色满意层次划分，主要包括产品满意、服务满意、社会满意三种。通过绿色消费与绿色评价确定满意层次，由消费者绿色满意层次进一步可以分析消费者绿色满意机制。消费者对品牌产品具有满意预期，通过购买品牌产品之后的体验，消费者进行绿色绩效评价。一般是模糊的综合评价，如果与满意预期不符合就会反馈不满意，如果评价结果满足期望或者超过预期就会反馈绿色满意。

根据消费者绿色满意机制可以构建消费者绿色满意模型，并以此为基础确定消费者绿色制造服务满意度。根据消费者对产品或服务的满意度反馈，企业需要持续改进产品与服务质量，特别是不满意要素，其为绿色制造提供了参考。消费者反馈满意度驱动了绿色产品服务的改善，服务企业通过消费者满意度发现服务缺点、获得改进动力，制造企业以消费者满意度确定产品性能指标，形成绿色制造服务系统。消费者的绿色制造服务满意度参考模型如图 5.1 所示。

（1）消费者的绿色设计满意度

消费者满意度对绿色设计有直接影响，通过消费者满意度反馈，绿色设计从绿色设计目标、绿色设计策略、绿色设计方案、绿色详细设计、绿色优化设计等方面进行修正，以此来满足消费者需求。消费者绿色设计服务满意度是指消费者对产品或服务反馈满意程度中与绿色设计相关的满意要素，大部分满意要素集中体现在设计阶段，通过改善绿色设计可以大幅度提高消费者满意度，比如个性化定制就是最大限度满足消费者的设计方法。

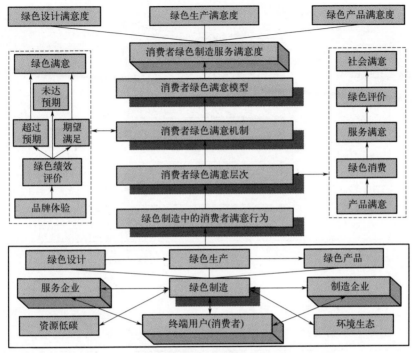

图 5.1　消费者的绿色制造服务满意度参考模型

消费者绿色设计服务满意度具体包含绿色需求满意度、绿色选材满意度、产品结构满意度、环境生态满意度、资源低碳满意度五个方面。绿色设计的消费者满意行为主要包括需求挖掘、节能设计、低碳设计、生态设计、服务规划等内容。

根据消费者的绿色制造满意度参考模型，消费者绿色设计满意度模型是通过对绿色设计的预期符合情况获得满意度。消费者以设计预期为标准，感知产品或服务的设计质量，消费者比较实际设计与设计预期的差别，确定设计的感知价值，以此来决策消费者对设计是否满意，结果是消费者对设计认可或者消费者对设计抱怨。消费者的绿色设计满意度如图 5.2 所示。

（2）消费者的绿色生产满意度

消费者满意度对绿色生产也具有影响。根据消费者满意度反馈，绿色生产从绿色工厂、绿色材料、绿色工艺、绿色加工、绿色装配等方面进行修正，以此来满足消费者需求。消费者绿色生产服务满意度是指消费者对产品或服务反馈满意程度中与绿色生产相关的满意要素，生产阶段的满意要素集中在产品质量与绿色性能方面，需要改善绿色生产的工艺，提高企业智能化水平，以此来提高消费者满意度，比如智能制造就是最大限度满足消费者的生产方法。

消费者绿色生产服务满意度具体包含企业资源满意度、绿色工厂满意度、绿

117

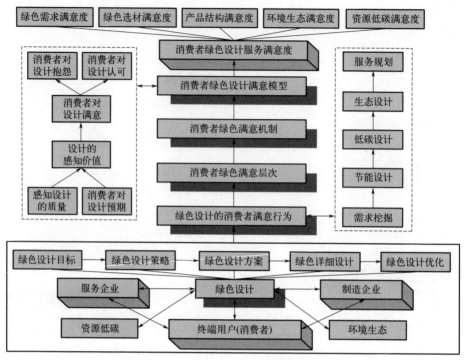

图 5.2　消费者的绿色设计满意度

色材料满意度、产品低碳满意度、产品生态满意度五方面。绿色生产的消费者满意行为主要包括材料选购、低碳加工、生态装配、绿色检测、绿色服务等内容。

　　根据消费者的绿色制造满意度参考模型，消费者绿色生产满意度模型是通过对绿色生产的预期符合情况获得满意度。消费者以生产预期为标准，感知产品或服务的生产质量，消费者比较实际生产与生产预期的差别，确定生产的感知价值，以此来决策消费者对生产是否满意，结果是消费者对生产认同或者消费者对生产抱怨。消费者的绿色生产满意度如图 5.3 所示。

（3）消费者的绿色产品满意度

　　消费者满意度对绿色产品具有重要影响，通过消费者满意度反馈，绿色产品从绿色产品检测、绿色产品交付、绿色产品使用、产品售后服务、绿色产品再制造等方面进行修正，以此来满足消费者需求。消费者绿色产品服务满意度是指消费者对产品或服务反馈满意程度中与绿色产品相关的满意要素，满意要素在产品购买和产品使用阶段同样十分重要，通过改善绿色产品服务可以提高消费者满意度，比如智能运维就是最大限度满足消费者的有效方法。

　　消费者绿色产品服务满意度具体包含绿色包装满意度、绿色物流满意度、绿色销售满意度、绿色运维满意度、绿色回收满意度等内容。绿色产品的消费者满意行为主要包括产品使用、服务体验、产品可靠、产品低碳、产品环保等内容。

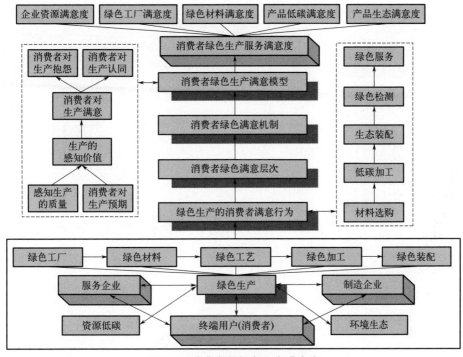

图 5.3　消费者的绿色生产满意度

根据消费者的绿色制造满意度参考模型，消费者绿色产品满意度模型是通过对绿色产品的预期符合情况获得满意度。消费者以产品预期为标准，感知产品或服务的质量，消费者比较实际产品与产品预期的差别，确定产品的感知价值，以此来决策对产品是否满意，结果是消费者对产品忠诚或者消费者对产品抱怨。消费者的绿色产品满意度如图 5.4 所示。

5.2.2　绿色制造服务满意度测度

绿色制造服务满意度的衡量标准，是通过绿色制造服务满意度测度来表示的，就是确定绿色制造服务的满意度指标。绿色制造服务满意度测度可以从经济性、低碳性、生态性等方面来分析。满意度的经济性是指产品或服务价格，是绿色制造服务的核心指标，反映企业竞争力、产品价值、服务价值等；满意度的低碳性是指产品或服务涉及能耗与碳排放的相关指标，以此来衡量绿色性；满意度的生态性是指产品或服务涉及企业责任与绿色环保的相关指标，也是绿色性指标。

（1）绿色制造服务的产品满意度测度

绿色制造服务的产品满意度测度确定与产品相关的满意度判别指标。产品是

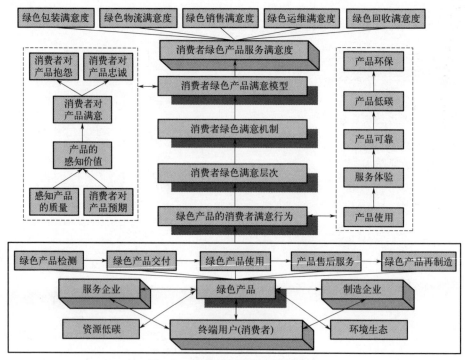

图 5.4　消费者的绿色产品满意度

绿色制造服务的核心要素，也是企业竞争力的核心内容。对于产品满意度，既要考虑产品设计生产质量标准，也要考虑产品全生命周期的绿色性指标，全面综合反映产品满意度。绿色制造服务的产品满意度测度主要包括绿色产品经济性指标、绿色产品低碳性指标、绿色产品生态性指标三方面。

　　根据消费者满意度定义，从经济性、低碳性、生态性三方面确定绿色制造服务的产品满意度测度。其中，绿色产品经济性指标主要包括绿色产品交付、绿色产品质量、绿色产品加工成本、绿色产品装配成本、人力成本等内容；绿色产品低碳性指标主要包括绿色材料碳排放、绿色加工碳排放、绿色装配碳排放、绿色物流碳排放、绿色回收碳排放等内容；绿色产品生态性指标主要包括绿色产品加工污染、绿色产品装配污染、绿色产品使用污染、绿色产品生产安全性、绿色产品使用安全性等内容。绿色制造服务的产品满意度测度模型如图 5.5 所示。

　　（2）绿色制造服务的服务满意度测度

　　绿色制造服务的服务满意度测度确定与服务相关的满意度判别指标。服务是绿色制造服务的关键要素，也是企业竞争力的关键内容。对于服务满意度既要考虑服务规划实施质量标准，也要考虑服务全生命周期的绿色性指标，全面综合反映服务满意度。绿色制造服务的服务满意度测度主要包括绿色服务经济性指标、绿色服务低碳性指标、绿色服务生态性指标三方面。

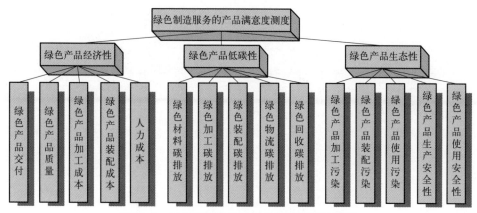

图 5.5　绿色制造服务的产品满意度测度模型

根据消费者满意度定义，从经济性、低碳性、生态性三方面确定绿色制造服务的服务满意度测度。其中，绿色服务经济性指标主要包括绿色服务交付、绿色服务质量、绿色服务设计成本、绿色服务实施成本、人力成本等内容；绿色服务低碳性指标主要包括绿色服务装备碳排放、绿色服务实施碳排放、绿色服务能源碳排放、绿色服务辅助碳排放、绿色服务返工碳排放等内容；绿色产品生态性指标主要包括绿色服务装备污染、绿色服务实施污染、绿色服务体验污染、绿色服务实施安全性、绿色服务体验安全性等内容。绿色制造服务的服务满意度测度模型如图 5.6 所示。

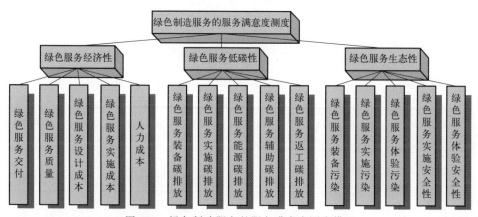

图 5.6　绿色制造服务的服务满意度测度模型

（3）绿色制造服务的社会满意度测度

绿色制造服务的社会满意度测度确定与社会相关的满意度判别指标。企业是绿色制造服务的载体，也是绿色制造服务竞争力的重要内容。对于社会满意度既要考虑企业社会责任标准，也要考虑企业全生命周期的绿色性指标，全面综合反映社会满意度。绿色制造服务的社会满意度测度主要包括绿色企业经济性指标、绿色企业低碳性指标、绿色企业生态性指标三方面。

根据消费者满意度定义，从经济性、低碳性、生态性等方面确定绿色制造服务的企业满意度测度。其中，绿色企业经济性指标主要包括绿色企业固定成本、绿色企业生产率、绿色企业运作成本、绿色企业技术成本、人力成本等内容；绿色企业低碳性指标主要包括绿色企业机器碳排放、绿色企业生产碳排放、绿色企业物流碳排放、绿色企业能源碳排放、绿色企业碳中和等内容；绿色企业生态性指标主要包括绿色企业碳达峰、绿色企业环境污染、绿色企业社会责任、绿色企业生产安全性、绿色企业社会安全性等内容。绿色制造服务的社会满意度测度模型如图 5.7 所示。

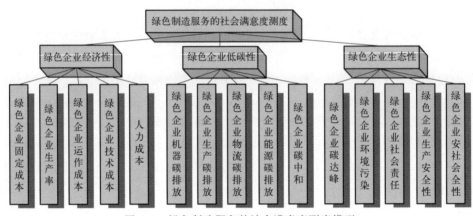

图 5.7　绿色制造服务的社会满意度测度模型

5.2.3　绿色制造服务满意度建模

绿色制造服务满意度建模是研究消费者绿色满意机制，并对比绿色满意机制与消费者满意度之间的关系，确定消费者绿色满意度映射关系，将消费者绿色满意机制转化为绿色制造服务满意度模型。

（1）消费者绿色满意机制

消费者绿色满意的基本理念包括顾客至上、顾客永远是对的、一切为了顾客等内容。满意是一种个人的感觉状态水平，来源于对一件产品所设想的绩效与产和与人们期望所进行的比较。在制造企业与终端用户建立关系的过程中，企业应该为消费者提供超过其期望的顾客价值，使消费者在每一次购买过程和购后体验中获得满意。

消费者绿色满意机制可从消费者绿色满意大数据中获取消费者绿色满意指标集。具体过程为：首先，消费者根据产品与品牌体验获得两种认知，一是关于该品牌绩效的预期，二是对该品牌实际绩效的认知；其次，根据消费者满意度理论，确定预期绩效与认知绩效的评价；最后，判断是否满意，对于未达到预期水平的消费者感到不满意，对于超过预期水平的消费者感到满意，对于两者趋于一致的消费者态度不确定。消费者绿色满意机制如图 5.8 所示。

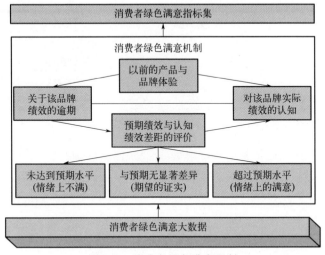

图 5.8　消费者绿色满意机制

（2）消费者绿色满意度映射

消费者绿色满意度映射是将绿色制造服务满意测度转换为消费者绿色满意指标集的过程。绿色制造服务满意测度从绿色产品满意测度、绿色服务满意测度、绿色社会满意测度三方面来定义，消费者绿色满意指标集主要包括绿色设计满意指标、绿色生产满意指标、绿色产品满意指标三方面。绿色制造服务满意测度与消费者绿色满意指标集之间是多对多的映射关系，需要通过具体策略来制定映射算法。

消费者绿色满意度映射是连接消费者绿色满意指标集与绿色制造服务满意测度的桥梁，如通过绿色产品满意测度确定绿色设计满意指标、绿色生产满意指标、绿色产品满意指标，同时通过绿色设计满意指标也可以确定绿色产品满意测度、绿色服务满意测度、绿色社会满意测度。消费者绿色满意指标集与绿色制造服务满意测度之间的映射关系是相互的，可以调用绿色满意度映射算法来相互确定。消费者绿色满意度映射如图 5.9 所示。

（3）消费者绿色满意度模型

消费者绿色满意度模型包括消费者绿色满意度机制和消费者绿色满意度对象两部分。绿色制造中的消费者绿色满意度对象主要包括绿色设计满意度、绿色生产满意度、绿色产品满意度三方面。其中，绿色设计满意度包括绿色需求满意度、绿色选材满意度、产品结构满意度、环境生态满意度、资源低碳满意度五

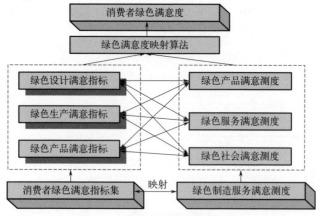

图 5.9 消费者绿色满意度映射

种；绿色生产满意度包括企业资源满意度、绿色工厂满意度、绿色材料满意度、低碳加工满意度、生态装配满意度五种；绿色产品满意度包括绿色包装满意度、绿色物流满意度、绿色销售满意度、绿色运维满意度、绿色回收满意度五种。

消费者绿色满意度模型以消费者满意机制驱动绿色满意度评价，根据绿色满意度测度定量分析满意程度。消费者从预期开始感知绿色产品服务质量，通过对比确定感知价值，以此决策消费者是否满意，输出结果为消费者满意或不满意，满意则消费者对绿色制造服务忠诚，不满意则抱怨，最后以消费者满意机制确定消费者满意度。消费者绿色满意度模型如图 5.10 所示。

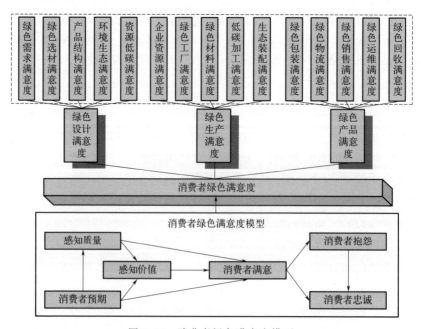

图 5.10 消费者绿色满意度模型

5.3　绿色产品服务的工业云架构

绿色产品服务是对绿色制造服务各类产品的集合，产品作为绿色制造服务运作的核心载体，需要具备智能化、服务化、绿色化等特征，在智能制造中提供智能产品。工业云架构是支撑绿色产品服务的核心技术，主要包括工业云配置和工业云协同。通过对绿色产品服务的全生命周期管理，实现智能产品的绿色制造，为绿色产品运作的工业云系统搭建提供支撑，进一步实现基于工业云的绿色产品服务决策。

5.3.1　绿色产品服务的工业云

绿色产品服务的工业云是指绿色产品服务过程中基于云计算的各类支持系统，包括各种共享数据系统、产品运维系统、服务优化系统、产品服务评价系统等，这些工业云应用云计算技术实现绿色产品服务决策。绿色产品服务提供产品使用与服务体验两方面业务，产品使用相关系统组成产品云，服务体验相关系统组成服务云，两组工业云相互映射组成绿色产品服务云的核心部分。

（1）绿色产品服务的工业云概念

绿色产品服务的工业云提供绿色产品服务全生命周期管理的各类系统，借助云计算技术实现绿色产品服务的智能化运营。绿色产品服务工业云主要包括工业云运作、绿色产品服务云资源、绿色产品云、绿色服务云四方面内容。这四个系统支撑绿色产品服务的评价决策。

工业云运作可将消费者购买绿色产品服务相关数据映射为消费者满意度，反映消费者对产品或服务的评价，是绿色企业竞争力的集中体现。工业云运作主要包括产品云销售、服务云实施、产品服务云使用、绿色产品服务运维等内容。绿色产品服务云资源是指为消费者提供产品或服务过程中消耗的各类实体资源或虚拟资源。绿色产品服务云资源主要包括制造资源、服务资源、资源虚拟化、平台资源等内容。

绿色产品云是满足消费者需求的产品在消费者购买后的延伸支持系统。绿色产品云主要包括绿色产品定制云、绿色产品维修云、绿色产品销售云、绿色产品安全云等内容。绿色服务云在消费者使用绿色产品服务过程中提供各类服务。绿色服务云主要包括绿色服务评价云、绿色服务质量云、绿色服务价格云、绿色服务升级云等内容。绿色产品服务的工业云概念如图 5.11 所示。

（2）绿色产品服务的工业云虚拟

绿色产品服务的工业云为提供服务而建立规模巨大的虚拟资源池来存放服务

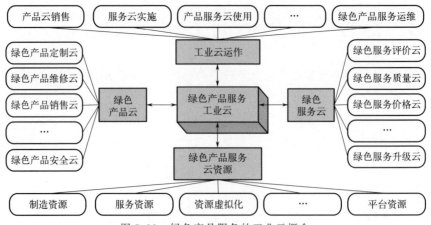

图 5.11　绿色产品服务的工业云概念

资源，各类绿色制造服务都是通过虚拟资源池来应用的。绿色产品服务工业云虚拟就是通过物联网、物理信息系统、计算系统虚拟化等技术，实现各类资源的全面互联、感知与反馈控制，并将物理资源转化为逻辑资源，以支持资源高利用率、高可靠、高安全的工业云。工业云虚拟是采用基于云计算的虚拟化技术实现绿色产品服务智能感知与控制、虚拟系统按需敏捷动态构建、系统运行时资源按需使用与动态调度、系统高可靠协同运行与容错迁移、支持可定制界面的高可用普适人机交互、系统多级安全隔离与访问控制等。

　　绿色产品服务的工业云虚拟理论有五个层次，分别是绿色产品服务资源、物联网与信息物理系统基础设施、物理资源管理、虚拟资源管理、虚拟资源池。绿色产品服务的工业云虚拟核心技术包括硬绿色产品服务资源虚拟化、软绿色产品服务资源虚拟化、物理虚拟资源映射三方面。硬绿色产品服务资源指绿色产品服务全生命周期过程中的计算设备、制造设备、物料等，硬绿色产品服务资源虚拟化主要是制造设备单元虚拟化与计算设备虚拟化；软绿色产品服务资源指绿色产品服务全生命周期过程中的软件、数据、知识等资源，软绿色产品服务资源虚拟化主要是数据类资源虚拟化与软件类虚拟化。

　　物理虚拟资源映射实现流程：首先，构建绿色产品服务的虚拟资源池，提供虚拟制造单元与计算设备虚拟机；其次，确定物理虚拟资源的映射关系，建立虚拟资源映射型集合，通过一对一映射、一对多映射、多对一映射等关系进行转化；最后，虚拟化资源封装之后，以虚拟资源模板形式化输入虚拟资源池。

　　绿色产品服务的工业云虚拟如图 5.12 所示。其中，硬绿色产品服务资源虚拟化将各类硬资源通过物联网接入网络，按照工业云资源描述规范来建模，并进行逻辑化处理，以物理虚拟模型把现实资源转化为虚拟资源。软绿色产品服务资源虚拟化分别处理数据类与软件类资源，数据类资源根据规定虚拟资源描述对其建模与规范化处理，形成虚拟资源描述；软件类资源采用计算系统虚拟化方法处理，形成虚拟机模板，同时定义软件接口互操作规范。

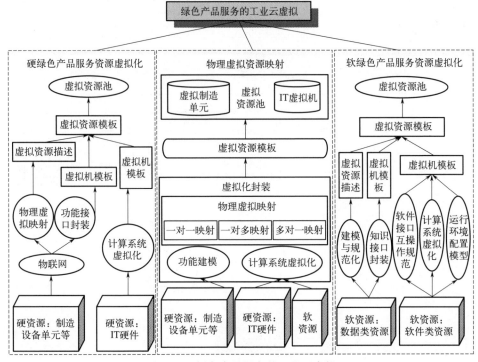

图 5.12　绿色产品服务的工业云虚拟

（3）绿色产品服务的工业云模型

工业云应用遵守原则有业务前瞻性、应用企业化、系统平台化、系统整合化、适度松耦合等，其多视图描述参考模型包括功能视图、组织视图、资源视图、信息视图、过程视图等，可以通过多视图来定义绿色产品服务工业云，具有可扩展性。

绿色产品服务的工业云模型主要包括绿色产品服务工业云、绿色产品服务工业云技术、绿色产品服务组件、绿色产品服务应用四个层次。绿色产品服务工业云技术层是核心层，包含产品云协同、服务云协同、产品云配置、服务云配置、云计算、边缘计算等内容，其中产品云配置与服务云配置相互映射，共同支撑产品云协同与服务云协同。

绿色产品服务的工业云模型如图 5.13 所示。其中，绿色产品服务工业云主要包括工业云运作、绿色产品云、绿色服务云、绿色产品服务云资源等内容；绿色产品服务工业云技术实现工业云架构；绿色产品服务组件包括云接入组件、虚拟化组件、云端化组件、云服务组件四种；绿色产品服务应用有绿色产品检测、绿色产品交付、绿色产品使用、产品售后服务、绿色产品物流、绿色产品包装等内容。

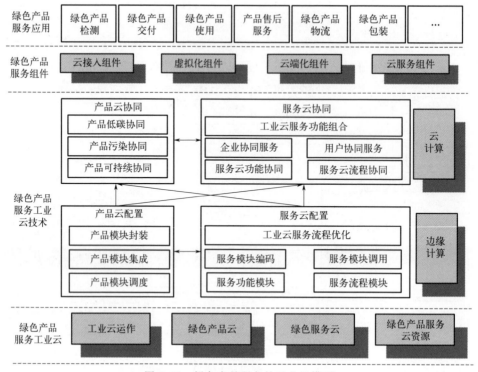

图 5.13　绿色产品服务的工业云模型

5.3.2　绿色产品服务的工业云配置

绿色产品服务的工业云技术主要包括工业云配置和工业云协同两方面。工业云配置是将虚拟资源池的资源优化配置给各类需求，实现资源合理分配，提高资源利用率。绿色资源工业云配置系统由物理计算资源层、虚拟计算资源层、绿色产品服务任务层组成。基本配置过程为：首先，绿色产品服务任务集中存放元任务，只对应一台虚拟机执行，建立元任务与虚拟机之间的映射关系，确定元任务关系图及其任务属性；其次，将元任务关系图映射为虚拟机计算流程图，具体化运行任务的虚拟机所需计算能力与通信属性，形成虚拟计算资源层；最后，从物理计算资源层搜索合适的处理机群体，生成对应的虚拟机计算系统，支撑元任务运行。

绿色产品服务工业云配置系统特征主要有端口、拓扑结构、通信方式、传输带宽等方面。配置系统端口通信模式有单端口方式和多端口方式，一般采用多端口方式，并采用云计算网络交换入端口缓存机制；拓扑结构采用主从模式，计算资源接入平台交换网络实现互联，配置系统对动态接入资源进行管理、监控、配置；通信方式采用双边通信方式，基于广域网面向多机互联，核心网络协议采用 TCP/IP 协议；传输带宽采用千兆数量级的骨干链路带宽。

绿色产品服务工业云配置针对绿色产品服务相关的云资源，以负载均衡器反馈资源负载信息，调整任务管理器的资源匹配与任务分解，从而优化云资源配置。同时，以资源配置策略在动态配置器中确定资源与任务。绿色产品服务的工业云配置如图 5.14 所示。

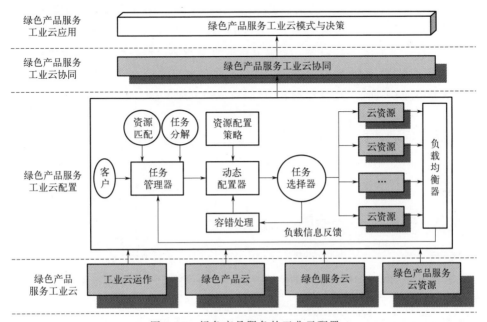

图 5.14 绿色产品服务的工业云配置

(1) 绿色产品服务工业云应用

绿色产品服务工业云技术在应用层以工业云平台管理制造服务运作，将制造企业应用的工业云集中分类管理，在绿色产品服务中调用；将服务企业应用的工业云集成聚类管理，在绿色产品服务中调用；将终端用户应用的工业云协同关联管理，在绿色产品服务中调用。

同时，以工业大数据决策算法库支持制造企业、服务企业、终端用户的各类决策。针对每个问题的决策设计变量参数，建立数学模型，设计求解算法，优化解集方案，并将新的决策算法入库。

(2) 绿色产品服务工业云协同

绿色产品服务工业云技术在协同层进行工业云协同。工业云协同是在工业云配置基础上，协调配置出现的偏差，优化配置结果。工业云协同为绿色制造企业、绿色服务企业、终端用户提供一个协同支持系统。

（3）绿色产品服务工业云配置

绿色产品服务工业云技术在配置层进行工业云动态配置，包括异构资源统一管理、资源的粒度属性划分、资源合理配置等。采用基于负载均衡的动态配置策略，工业云配置系统主要包括负载均衡器、任务管理器、任务选择器、动态配置器、容错处理五部分。

其中，负载均衡器监测系统及其各类资源的负载情况，并根据当前系统负载与当前资源节点负载情况来确定资源节点的任务分配，同时进行资源动态信息采集；任务管理器对各个任务进行管理，建立就绪任务集合，动态描述某时刻可配置的任务；任务选择器依据动态配置器的配置结果以优化算法来选择云资源；动态配置器根据任务的资源需求、资源节点的服务能力、资源类型、资源数量进行合理配置，为任务匹配到最优资源，并将配置结果反馈给消费者；容错处理是在配置出错或者变更时，对现有配置的修改。

（4）绿色产品服务工业云

绿色产品服务工业云技术在工业云层将工业云运作、绿色产品云、绿色服务云、绿色产品服务云资源等接入网络。绿色产品服务工业云具有实时性、分布式、多源性、智能化、绿色化特性。

5.3.3　绿色产品服务的工业云协同

绿色产品服务的工业云的另一个技术是协同，协同问题是通过平台来支持的，云计算平台针对各个行业或者区域提供协同设施，将绿色产品服务过程的各类协同需求分类管理。工业云在云制造模式下已经具有成熟的技术条件，可以支持制造场景的工业云协同，也可以满足服务场景的协同需求。在工业云环境中，绿色产品服务云能够实现实时交互、实时共享、实时协同，进而促进制造业升级改造。

工业云作为绿色产品服务的顶层，提供强大的工业云协同环境，管理制造企业、服务企业、终端用户的各类业务，获取产品使用过程与服务体验过程的实时数据。在大数据分析与决策中，工业云也提供协同与调度功能，将协同数据频繁调用，统一存储格式，进而共享规范工业云。绿色产品服务工业云是通过云计算赋予协同权重，实现协同任务更新与管理。

绿色产品服务工业云协同在云端进行协同处理。针对产品、服务、生产、顾客等问题实时协同，在工业云的技术支撑下实现绿色产品服务工业云协同。作为大数据分析与决策的重要基础，工业云协同的主要任务是设计好各类问题的协同规则，提供面向问题的工业云协同方法。绿色产品服务的工业云协同如图5.15所示。

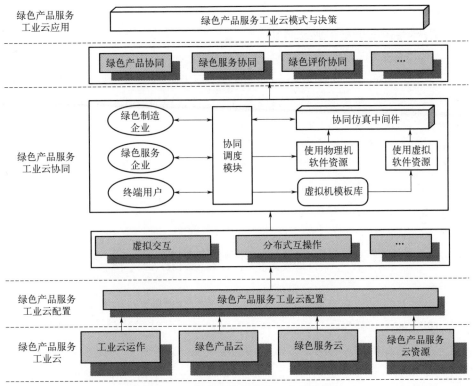

图 5.15　绿色产品服务的工业云协同

(1) 绿色产品服务工业云应用

绿色产品服务工业云技术在应用层，以工业云平台管理制造服务运作：将制造企业应用的工业云集中分类管理，在绿色产品服务中调用；将服务企业应用的工业云集成聚类管理，在绿色产品服务中调用；将终端用户应用的工业云协同关联管理，在绿色产品服务中调用。

同时，以工业大数据决策算法库支持制造企业、服务企业、终端用户的各类决策。针对每个问题的决策设计变量参数，建立数学模型，设计求解算法，优化解集方案，并将新决策算法入库。

(2) 绿色产品服务工业云协同

绿色产品服务工业云技术在协同层进行工业云协同。工业云协同是在工业云配置基础上，协调配置出现的偏差，优化配置结果。工业云协同为绿色制造企业、绿色服务企业、终端用户提供一个协同支持系统。

各个绿色制造服务主体应用协同调度模块实现工业云协同，使用物理机软件资源协同硬资源，并在协同仿真中间件中优化协同方案；使用虚拟软件资源协同软资源，并在协同仿真中间件中优化协同方案。协同中间件连接二维仿真系统、三维场景系统、环境系统、运行管理与监控系统，同时调用仿真软件实现协同过程可视化。

（3）绿色产品服务工业云配置

绿色产品服务工业云技术在配置层进行工业云动态配置，包括异构资源统一管理、资源的粒度属性划分、资源合理配置等。采用基于负载均衡的动态配置策略，工业云配置系统主要包括负载均衡器、任务管理器、任务选择器、动态配置器、容错处理等内容。

（4）绿色产品服务工业云

绿色产品服务工业云技术在工业云层将工业云运作、绿色产品云、绿色服务云、绿色产品服务云资源等接入网络。绿色产品服务工业云具有实时性、分布式、多源性、智能化、绿色化特性。

5.4　绿色产品服务评价智能决策方法

绿色产品服务的智能评价决策为服务企业、制造企业、终端用户的产品服务提供知识支持，在各类决策问题的建模中，规范产品服务主要模式，然后针对每个具体决策问题构建求解方法，以大数据决策基础理论建立求解算法。结合消费者满意度和工业云来建立绿色产品评价决策模型。基于消费者满意度的绿色产品服务智能评价决策主要包括绿色产品服务智能决策的运维管理和绿色产品服务智能决策的评价方法两方面内容。

5.4.1　基于消费者满意度的绿色产品服务智能评价决策

绿色产品服务围绕消费者使用中的满意情况，对产品生产、服务提供、企业责任等方面的绿色性做出评价，并持续改进，促进制造业可持续发展。服务内容包括绿色产品检测、绿色产品交付、绿色产品使用、产品售后服务、绿色产品再制造等几个方面。

绿色产品服务智能决策主要包括绿色产品包装服务智能决策、绿色产品物流服务智能决策、绿色产品销售服务智能决策、绿色产品运维服务智能决策、绿色产品回收服务智能决策等内容。绿色产品服务智能决策主题可以根据消费者绿色满意度来制定。消费者购买与使用产品过程中，绿色满意度将突出产品绿色环保、符合低碳低能耗、体验产品可持续可回收等绿色性能，主要包括消费者绿色满意层次、消费者绿色满意机制、消费者绿色满意模型等问题。结合绿色产品服务智能决策对应消费者绿色满意度。

基于消费者满意度的绿色产品服务智能决策过程从消费者绿色满意度出发。首先，以绿色产品满意、服务满意、社会满意为层次，建立消费者绿色满意模型，并分析消费者绿色满意机制，消费者对绿色产品服务的可感知效果与他期望值比较后，所形成的感觉状态就是消费者绿色满意度；其次，将各类消费者绿色满意度映射为绿色产品服务决策主题，并限定决策范围；最后，通过工业互联网环境支持绿色产品服务决策，包括根据决策主题建立决策模型、设置决策优化目标、设计决策算法等。

　　基于消费者满意度的绿色产品服务智能评价决策如图 5.16 所示。其中，绿色产品包装服务智能决策是根据绿色包装满意度制定包装规格表，对照绿色制造服务进行包装管理，决策绿色产品检测、绿色产品交付、绿色产品使用；绿色产品物流服务智能决策是根据绿色物流满意度制定物流规划表，确定物流方案，决策绿色产品检测、绿色产品交付、绿色产品使用、产品售后服务；绿色产品销售服务智能决策根据绿色销售满意度制定客户关系表，决策绿色产品交付、绿色产品检测、绿色产品再制造等；绿色产品运维服务智能决策根据绿色运维满意度制定产品运维表，决策绿色产品使用、产品售后服务、绿色产品再制造；绿色产品回收服务智能决策根据绿色回收满意度制定产品回收表，决策绿色产品使用、产品售后服务、绿色产品再制造。

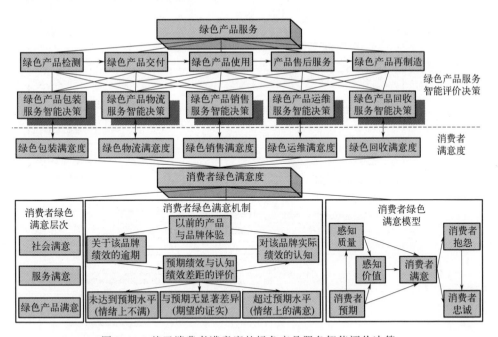

图 5.16　基于消费者满意度的绿色产品服务智能评价决策

5.4.2　绿色产品服务智能决策的运维管理

　　绿色产品服务智能决策依赖于消费者满意度，即在产品服务使用过程中的体验，其核心内容之一就是远程运维。在绿色产品服务智能决策中将远程运维定义为优化决策运维管理，为确定决策评价方法提供重要参考。优化决策运维管理通过对绿色产品服务的状态远程监测和健康诊断，实现对产品服务系统及时诊断与维护，并针对运行数据全面分析产品服务现场使用状况，为绿色制造服务的持续优化提供支撑。绿色产品服务智能决策的运维管理主要包括远程运维系统与远程运维服务，远程运维系统由数据采集层、分析处理层、平台服务层、应用层构成，并规定系统架构与功能要求；远程运维服务包括状态监测、故障诊断、备件管理、健康管理、预测性维护等服务。绿色产品服务智能决策的运维管理如图 5.17 所示。

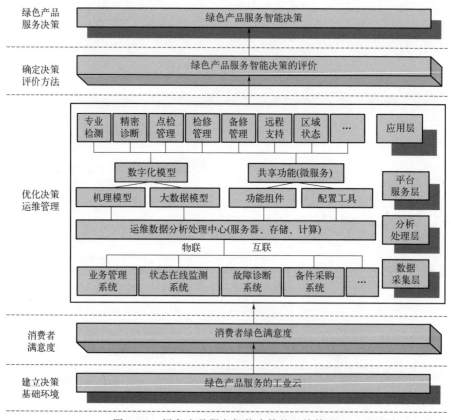

图 5.17　绿色产品服务智能决策的运维管理

（1）优化决策运维管理

绿色产品服务智能决策的运维管理是通过确定主要绿色产品服务类别的状态数据采集策略，集成分布式在线数据采集系统，协同离线精密诊断结果，优化绿色产品服务运维模式的过程。同时，其利用工业大数据分析与智能诊断机制的综合诊断系统，为消费者推送状态判断结论和处理方案，最终可建立各类数据智能判断驱动的运维业务决策机制，优化绿色产品服务运维流程，持续改进状态诊断结果的评价与应用。

绿色产品服务智能决策的运维管理具体为：首先，通过工业云连接绿色产品服务业务管理系统、状态在线监测系统、故障诊断系统、备件采购系统等，由运维数据分析处理中心进行计算优化，确定解决方案；然后，调用数字化模型与微服务，支持在线维护与维护人员现场处理，进行专业检测、精密诊断、点检管理、检修管理、备修管理等应用；最后，上传运维结果，结合消费者运维满意度，优化绿色产品服务决策。

绿色产品服务智能决策运维管理的工作流程主要围绕远程运维的总需求，协同专业分析、数据获取、状态决策、智能诊断、检修维护、方案推送、效果验证等流程。各个环节的参与者可以协同诊断，形成绿色产品服务维护的最优解决方案，采用可视化与移动互联网技术主动推送信息给消费者。绿色产品服务维护人员依据各类解决方案和建议，在运行现场进行决策，实施维护处理。现场维护结束后，及时反馈运维实施结果与消费者评价信息，系统根据规则约束维护人员，并对系统进行闭环管理，能够最大限度应对绿色产品服务的异常事件。

（2）绿色产品服务智能决策运维管理的远程运维状态监测技术

绿色产品服务智能决策运维管理的远程运维状态监测技术是远程运维服务的过程，也是产品服务历史数据和状态数据的来源。通过监控与监测绿色产品服务的使用状态，系统记录监测数据，收到预警之后，系统生成远程运维服务指令，运维人员根据指令进行处理，同时系统监控处理过程，并及时反馈处理情况。

绿色产品服务智能决策运维管理的远程运维状态监测技术包括远程运维的监测参数制定、远程状态监测系统、数据收集与分析要求、监测方法要求等。其中，绿色产品服务的监测参数制定是通过标识所有绿色产品服务及相应系统，并根据信息和知识库来确定监测参数的；绿色产品服务的远程状态监测系统主要包括远程控制、远程测量、在线监控、分布式执行等功能；绿色产品服务的数据收集与分析要求主要包括数据记录要求、数据采集速率要求、数据趋势要求、数据分析和比较要求等；绿色产品服务的监测方法要求主要包括监测可行性、监测参数准确性、监测技术、测量位置、测量间隔等。

（3）绿色产品服务智能决策运维管理的远程运维故障诊断技术

绿色产品服务智能决策运维管理的远程运维故障诊断技术包括远程运维的故障分类与分级、故障诊断模型、诊断技术要求等内容。故障诊断是判断绿色产品服务故障状态，判定后续是否需要维护及所用维护技术的依据。其中，绿色产品服务的故障分类分级主要包括故障性质、故障发生过程、故障外因、危害分级、故障知识库等内容；绿色产品服务的故障诊断模型主要包括远程监控诊断、本地故障诊断、远程专家会诊等内容；绿色产品服务的诊断技术要求主要包括智能诊断、故障预警、诊断结论、诊断预报、改善诊断结论、改善预测置信度等内容。绿色产品服务运维管理是绿色产品服务智能决策的重要内容，其方法可以用于绿色产品服务的各类决策。

5.4.3 绿色产品服务智能决策的评价方法

基于消费者满意度的绿色产品服务智能决策中评价方法应用最为广泛。针对消费者是否满意需要提供定性或者定量的评价来支持。绿色产品服务智能决策评价是以消费者满意度为基础，在工业云环境中，进行特定绿色产品服务的评价过程，并可在绿色指标指导下，对绿色产品服务进行优化，达到低碳环保的目标。绿色产品服务决策评价可对比生态文明基本要求、发现产品或服务状态与生态文明状态的差距，在制造业智能化过程中增强绿色需求，提高制造绿色产品服务。绿色产品服务智能决策的评价方法如图 5.18 所示。

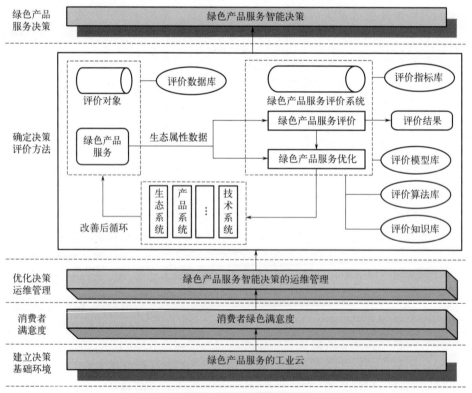

图 5.18 绿色产品服务智能决策的评价方法

（1）确定决策评价方法

绿色产品服务智能决策的评价方法是对绿色产品服务客观评价与主观评价的集成，客观评价来自产品与服务的质量与功能，主观评价来自消费者的满意度。

消费者行为角度的评价带有较强的主观性。评价方法应着重引导消费者评价的绿色性。

绿色产品服务智能决策的评价方法具体为：将评价相关数据输入评价数据库，针对评价对象绿色产品服务构建绿色产品服务评价系统。绿色产品服务评价系统以评价指标库、评价模型库、评价算法库、评价知识库等为基础进行评价。首先，从绿色产品服务获得生态属性数据，比如绿色性、低碳性、生态性等；然后，评价系统调用评价指标与评价算法进行计算，以计算结果表征绿色产品服务性能；最后，根据评价规则与评价标准，在评价模型与评价知识的指导下输出评价结果。

绿色产品服务智能决策的目的是持续改进绿色产品，以评价结果设计绿色产品服务优化方案，以此对生态系统、产品系统、服务系统、技术系统等方面进行持续优化，并反馈给评价对象，形成良性改善循环，达到使消费者满意的目的。

（2）绿色产品服务智能评价决策的基本内容

绿色产品服务智能评价决策的基本内容主要包括绿色产品评价、绿色服务评价、绿色产品服务系统评价等。绿色产品评价主要从产品质量、产品品牌、产品环保等方面评价；绿色服务评价主要从服务质量、服务体验、服务低碳等方面评价；绿色产品服务系统主要从发展度、持续度、协调度等方面评价，发展度是指人类社会发展的程度，持续度是指时间维度上自然生态环境的需要程度，协调度是指发展度与持续度之间的平衡程度。

绿色产品服务智能评价决策是一个多目标决策，目标体系为时间（TI）、产品质量（PQ）、服务质量（SQ）、产品成本（PC）、服务成本（SC）、环境影响（EN）、资源消耗（RE）7 个方面。具体为时间（TI）最短、产品质量（PQ）最好、服务质量（SQ）最好、产品成本（PC）最少、服务成本（SC）最少、环境影响（EN）最小、资源消耗（RE）最少等。绿色产品服务评价决策可以从这 7 个方面构建评价指标体系。

（3）绿色产品服务智能评价决策的基本流程

绿色产品服务智能评价决策的基本流程为：首先，把绿色产品、绿色服务、绿色制造系统的数据和信息输入决策系统；其次，决策系统调用评价模型、评价知识、评价指标等进行评价；最后，决策系统输出决策结果，将决策结果反馈给制造企业，制造企业持续改进绿色产品服务，进行绿色产品服务优化。绿色产品服务评价决策是绿色产品服务决策的重要内容，其方法可以用于绿色产品服务的各类决策。

5.5 基于消费者满意度的绿色产品服务智能决策算法

消费者满意度对绿色产品具有重要影响，根据消费者满意度反馈，绿色产品从绿色产品检测、绿色产品交付、绿色产品使用、产品售后服务、绿色产品再制造等方面进行修正，以此来满足消费者需求。消费者满意度与产品各项服务之间通过消费者绿色满意度映射来实现，消费者绿色满意度映射是将绿色制造服务满意测度转换为消费者绿色满意指标集的过程。绿色制造服务满意测度从绿色产品满意测度、绿色服务满意测度、绿色社会满意测度等方面来定义，消费者绿色满意指标集主要包括绿色设计满意指标、绿色生产满意指标、绿色产品满意指标等。绿色制造服务满意测度与消费者绿色满意指标集之间是多对多的映射关系，需要通过具体策略来制定映射算法[4]。

5.5.1 绿色产品服务智能决策算法构建

绿色产品服务决策以综合评价确定制造企业的绿色竞争力，通过对绿色产品服务的评价选择提供绿色制造服务的企业。在绿色制造服务运作过程中，绿色产品服务决策是重要环节，可以设计评价算法来实现决策。绿色产品服务决策算法首先要构建基于消费者满意度的评价指标体系，参考企业绿色产品满意度指标评估经验，本案例采用分解评价目标的方法建立绿色产品满意度指标，如图 5.19所示。目标层是绿色产品满意度指标（G），指标层是绿色产品经济性、绿色产品低碳性和绿色产品生态性。绿色产品经济性包括 6 个因素，即绿色产品交付、绿色产品质量、绿色服务质量、绿色材料成本、绿色生产成本、人力成本；绿色

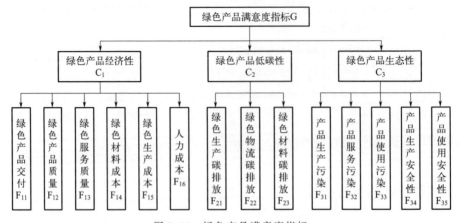

图 5.19 绿色产品满意度指标

产品低碳性包括 3 个因素，即绿色生产碳排放、绿色物流碳排放、绿色材料碳排放；绿色产品生态性包括 5 个因素，即产品生产污染、产品服务污染、产品使用污染、产品生产安全性和产品使用安全性。

绿色产品经济性指标反映消费者购买产品与使用产品中关于性价比的满意度，是绿色产品的核心功能满足；绿色产品低碳性指标反映消费者产品生产与使用中关于绿色程度的满意度，主要考虑各个环节的碳排放，满足碳中和与碳达峰要求；绿色产品生态性反映消费者生产与使用中对于环境保护的满意度，主要考虑各个环节的安全和污染，满足社会生态要求。

5.5.1.1　确定绿色产品服务智能决策的指标权重

针对消费者绿色产品满意度指标的主观性，采用层次分析法（AHP）来确定绿色产品满意度评价指标的主观权重。为保证绿色产品满意度指标赋权的准确性，同时采用熵权法来确定绿色产品满意度评价指标的客观权重，最后将主客观权重加权平均，进行绿色产品满意度指标的组合赋权。

（1）绿色产品服务决策的主观权重——层次分析法

利用调查问卷方式，邀请绿色制造服务专家以表 5.1 为准则，对绿色产品满意度评价体系的一级二级各个指标之间的重要性进行比较，并且形成最初始判断矩阵 M，假设共有 n 个绿色产品满意度指标。

绿色制造服务专家是特定行业绿色制造评估组人员，由行业专家、制造专家、环评专家等组成。根据行业绿色制造标准与规范打分，并根据不同企业产品与服务情况给予专家打分不同的权重。为了避免专家打分的隐性关联，设计客观评价予以修正。

表 5.1　判断矩阵标度准则和含义

重要程度	定义（两指标相比）
1	同等重要
3	稍微重要
5	重要
7	很重要
9	非常重要
2、4、6、8	介于上述评价尺度之间

$$M = \begin{bmatrix} m_{11} & \cdots & m_{1n} \\ \vdots & \ddots & \vdots \\ m_{n1} & \cdots & m_{nn} \end{bmatrix} \tag{5.1}$$

式中，m_{ij} 表示第 i 个绿色产品满意度指标与第 j 个绿色产品满意度指标相比起来的重要程度。

根据判断矩阵 $\boldsymbol{M}$，分别计算其最大特征根与特征向量，其中最大特征根用于进行一致性检验，特征向量进行归一化处理后对应各绿色产品满意度指标的相对权重。

首先，将矩阵 $\boldsymbol{M}$ 进行归一化处理得到矩阵

$$\boldsymbol{H} = \left(m_{ij} \bigg/ \sum_{i=1}^{n} m_{ij}\right) = \begin{bmatrix} h_{11} & \cdots & h_{1n} \\ \vdots & \ddots & \vdots \\ h_{n1} & \cdots & h_{nn} \end{bmatrix} \tag{5.2}$$

式中，h_{ij} 表示归一化后第 i 个与第 j 个绿色产品满意度指标相对重要程度。

其次，将矩阵 $\boldsymbol{H}$ 按行相加得特征向量

$$\boldsymbol{W}^{\#} = (w_1^{\#}, w_2^{\#}, \cdots, w_n^{\#})$$

其中，每个特征值为

$$w_i^{\#} = \sum_{j=1}^{n} h_{ij}, \quad i = 1, 2, \cdots, n; j = 1, 2, \cdots, n \tag{5.3}$$

在计算权重之前，需计算出判断矩阵的一致性指标 CR，再对判断矩阵做一致性检验。假设 n 个绿色产品满意度指标中最大特征值为 $\lambda_{\max}$，则

$$CR = \frac{\lambda_{\max} - n}{n - 1} \tag{5.4}$$

若 $CR < 0.1$，则认为矩阵通过一致性检验。

最后，对特征向量 $\boldsymbol{W}^{\#}$ 进行归一化处理，得到向量 $\boldsymbol{W}' = (w_1', w_2', \cdots, w_n')$，即绿色产品服务决策的主观权重。每个主观权重值为

$$w_i' = \left(w_i^{\#} \bigg/ \sum_{i=1}^{n} w_i^{\#}\right), \quad i = 1, 2, \cdots, n \tag{5.5}$$

(2) 绿色产品服务决策的客观权重——熵权法

熵权法用于反映绿色产品满意度指标的客观固有信息，通过对消费者现场调研以及发放调查问卷获得基础的数据，对各项二级指标具体数据进行计算并用于计算客观权重。具体步骤如下：

首先，根据各个二级绿色产品满意度指标的基础数据调研与调查问卷，计算建立客观指标矩阵 $\boldsymbol{A}$。

$$\boldsymbol{A} = \begin{bmatrix} a_{11} & \cdots & a_{1n} \\ \vdots & \ddots & \vdots \\ a_{m1} & \cdots & a_{mn} \end{bmatrix} \tag{5.6}$$

式中，a_{ij} 表示第 i 个企业的第 j 项二级绿色产品满意度指标的具体数据。

其次，无量纲化处理得到矩阵 $\boldsymbol{Z}$。不同绿色产品满意度指标之间由于存在量纲不统一，不具可比性，故需要对判断矩阵 $\boldsymbol{A}$ 进行无量纲化。

$$z_{ij} = \begin{cases} \dfrac{a_{ij} - \min a_j}{\max a_j - \min a_j}, & \text{第 } j \text{ 个指标为正向指标} \end{cases} \quad (5.7)$$

$$\begin{cases} \dfrac{\max a_j - a_{ij}}{\max a_j - \min a_j}, & \text{第 } j \text{ 个指标为负向指标} \end{cases} \quad (5.8)$$

$$\boldsymbol{Z} = \begin{bmatrix} z_{11} & \cdots & z_{1n} \\ \vdots & \ddots & \vdots \\ z_{m1} & \cdots & z_{mn} \end{bmatrix} \quad (5.9)$$

最后，计算矩阵 $\boldsymbol{Z}$ 各个二级绿色产品满意度指标的熵值 e_j：

$$e_j = -\frac{1}{\ln n} \sum_{i=1}^{m} \left[\left(\frac{z_{ij}}{\sum\limits_{i=1}^{m} z_{ij}} \right) \ln \left(\frac{z_{ij}}{\sum\limits_{i=1}^{m} z_{ij}} \right) \right], \quad j = 1, 2, \cdots, n \quad (5.10)$$

因此，绿色产品服务决策的客观权重为 $\boldsymbol{W}^* = \{w_1^*, w_2^*, \cdots, w_n^*\}$。每个客观权重值为

$$w_j^* = \frac{1 - e_j}{n - \sum\limits_{j=1}^{n} e_j}, \quad j = 1, 2, \cdots, n \quad (5.11)$$

(3) 绿色产品服务决策的综合权重

计算绿色产品服务决策的综合权重 $\boldsymbol{W} = (w_1, w_2, \cdots, w_n)$，每个综合权重值为

$$w_j = \frac{w_j' w_j^*}{\sum\limits_{i=1}^{n} w_i' w_i^*}, \quad j = 1, 2, \cdots, n \quad (5.12)$$

5.5.1.2　基于灰色关联分析法的绿色产品服务智能决策过程

步骤 1：确定参考序列，采用比较数据序列为

$$x_i(k) = \{x_1(k), x_2(k), \cdots, x_n(k)\}, \quad i = 1, 2, \cdots, n; k = 1, 2, \cdots, m \quad (5.13)$$

其中，k 表示第 i 个企业绿色产品满意度指标。取判断矩阵 $\boldsymbol{A}$ 中的每一行向量，假设参考数据序列

$$y(k) = \{y(k), y(k), \cdots, y(k)\}, \quad k = 1, 2, \cdots, n$$

其中每个绿色产品满意度指标均为参考最优值。

步骤 2：根据式（5.7）与式（5.8）对参考数据序列与比较数据序列进行无量纲化处理。

步骤 3：计算每个绿色产品服务决策的各二级绿色产品满意度指标灰色关联系数（ρ 取 0.5）：

$$\xi_i(k)=\frac{\min\limits_{i}\min\limits_{j}|y(k)-x_i(k)|+\rho\max\limits_{i}\max\limits_{j}|y(k)-x_i(k)|}{|y(k)-x_i(k)|+\rho\max\limits_{i}\max\limits_{j}|y(k)-x_i(k)|}, \quad i=1,2,\cdots m; j=1,2,\cdots n$$

$$(5.14)$$

步骤 4：绿色产品服务决策。利用绿色产品服务决策的权重与关联系数，加权求出每个绿色产品服务与理想化最优情况的关联度 r_i，以此判断最优绿色产品服务（评价标准为关联度越强的绿色产品服务，绿色产品满意度越高）。

$$r_i=\sum_{k=1}^{n}w_i\zeta_i(k), \quad i=1,2,\cdots m \qquad (5.15)$$

5.5.2 绿色产品服务智能决策算例分析

5.5.2.1 问题描述

绿色制造服务决策问题众多，下面仅以绿色产品服务决策为例来分析，选择制造企业的绿色产品生产计划问题，进行绿色产品服务决策分析。假设某制造企业有四类绿色产品 a、b、c、d，需要根据市场上消费者满意度来决策下一年度四类绿色产品的生产策略，原则是产品满意度高的增加产量，产品满意度低的减少产量。通过消费者调查与专家评审来确定四类绿色产品的满意度，进而决策。

5.5.2.2 绿色产品服务智能决策

(1) 确定绿色产品服务决策的指标权重

根据专家对绿色产品满意度评价指标的一级二级指标间的重要性，进行比较并且形成最初始判断矩阵，分别用 AHP 计算出一级与二级各个绿色产品满意度指标的主观权重并对其进行一致性检验。结果如表 5.2～表 5.5 所示。

表 5.2 $C_1\sim C_3$ 判断矩阵及权重

判断矩阵	C_1	C_2	C_3	权重	一致性检验
C_1	1	1/7	1/5	0.0751	$\lambda_{\max}=3.0142$ $CR=0.0136<0.1$
C_2	7	1	2	0.5917	
C_3	5	1/2	1	0.3332	

表 5.3 $F_{11}\sim F_{16}$ 判断矩阵及权重

判断矩阵	F_{11}	F_{12}	F_{13}	F_{14}	F_{15}	F_{16}	权重	一致性检验
F_{11}	1	1/7	1/5	1/5	3	3	0.0805	$\lambda_{\max}=6.4082$ $CR=0.0648<0.1$
F_{12}	7	1	2	2	5	5	0.3636	
F_{13}	5	1/2	1	1/2	4	4	0.2035	
F_{14}	5	1/2	2	1	4	4	0.2552	

续表

判断矩阵	F_{11}	F_{12}	F_{13}	F_{14}	F_{15}	F_{16}	权重	一致性检验
F_{15}	1/3	1/5	1/4	1/4	1	1	0.0486	$\lambda_{max}=6.4082$
F_{16}	1/3	1/5	1/4	1/4	1	1	0.0486	$CR=0.0648<0.1$

表 5.4　$F_{31}\sim F_{35}$ 判断矩阵及权重

判断矩阵	F_{31}	F_{32}	F_{33}	F_{34}	F_{35}	权重	一致性检验
F_{31}	1	1	1/3	1/7	1/3	0.0628	
F_{32}	1	1	1/3	1/7	1/3	0.0628	
F_{33}	3	3	1	1/4	1/2	0.1498	$\lambda_{max}=5.0740$
F_{34}	7	7	4	1	3	0.5163	$CR=0.0165<0.1$
F_{35}	3	3	2	1/3	1	0.2083	

表 5.5　$F_{21}\sim F_{23}$ 判断矩阵及权重

判断矩阵	F_{21}	F_{22}	F_{23}	权重	一致性检验
F_{21}	1	5	1	0.4545	
F_{22}	1/5	1	1/5	0.0909	$\lambda_{max}=3.0000$
F_{23}	1	5	1	0.4545	$CR=4.2701e-16<0.1$

假设通过对四类绿色产品 a、b、c、d 进行消费者问卷调查与现场调研获得基础数据,并通过式(5.7)与式(5.8)对基础数据进行无量纲化处理,结果如表 5.6 所示。通过式(5.10)和式(5.11)分别求解出四类绿色产品 a、b、c、d 各二级指标的熵值与客观权重。最后根据式(5.12)求出综合权重,结果如表 5.7 所示。

表 5.6　$F_{11}\sim F_{35}$ 客观指标矩阵无量纲化后的结果

产品	F_{11}	F_{12}	F_{13}	F_{14}	F_{15}	F_{16}	F_{21}	F_{22}	F_{23}	F_{31}	F_{32}	F_{33}	F_{34}	F_{35}
绿色产品 a	0.93	0.86	0.5	0.84	0.72	0.82	0.88	0.95	0.74	0.89	0.81	0.85	0.56	0.29
绿色产品 b	0.79	0.56	0.76	0.93	0.80	0.67	0.95	0.86	0.81	0.77	0.94	0.76	0.73	0.56
绿色产品 c	0.89	0.73	0.37	0.79	0.78	0.88	0.79	0.86	0.83	0.83	0.73	0.76	0.89	0.76
绿色产品 d	0.80	0.56	0.73	0.84	0.88	0.91	0.79	1.00	0.94	0.87	0.79	0.86	0.75	0.89

表 5.7　权重表

二级评估指标	AHP 权重	信息熵	熵权	综合权重
绿色产品交付	0.0060	0.9983	0.0141	0.0014
绿色产品质量	0.0273	0.9877	0.1001	0.0444
绿色服务质量	0.0153	0.9717	0.2295	0.0571
绿色材料成本	0.0192	0.9987	0.0102	0.0032

二级评估指标	AHP 权重	信息熵	熵权	综合权重
绿色生产成本	0.0036	0.9981	0.0151	0.0009
人力成本	0.0036	0.9953	0.0385	0.0023
绿色生产碳排放	0.2689	0.9978	0.0181	0.0790
绿色物流碳排放	0.0538	0.9985	0.0125	0.0110
绿色材料碳排放	0.2689	0.9973	0.0217	0.0949
产品生产污染	0.0209	0.9989	0.0088	0.0030
产品服务污染	0.0209	0.9969	0.0253	0.0086
产品使用污染	0.0499	0.9987	0.0102	0.0083
产品生产安全性	0.1720	0.9906	0.0763	0.2135
产品使用安全性	0.0694	0.9483	0.4196	0.4734

（2）基于灰色关联分析法的绿色产品服务决策

根据灰色关联分析法参考客观指标矩阵，计算每个绿色产品满意度指标的灰色关联系数，结合综合权重计算出每个绿色产品的满意度与理想最优绿色产品满意度关联度，并以此作为四个绿色产品满意度评价结果，如表 5.8 所示。

绿色产品服务决策：绿色产品 d 的满意度最高，说明消费者更倾向于购买绿色产品 d，下一年度可以增加产量；绿色产品 a 的满意度最低，说明该类产品不符合消费者需求，下一年度可以减少产量；绿色产品 b、c 的满意度适中，下一年度可以保持现有产量，建议挖掘消费者不满意指标，进行改进后生产。另外，针对消费者满意度指标的权重，可以定期通过绿色制造专家与消费者调查，优化权重，以更好地支持绿色产品服务决策。

表 5.8   四个绿色产品服务的满意度表

产品	绿色产品 a	绿色产品 b	绿色产品 c	绿色产品 d
满意度	0.4513	0.5450	0.6302	0.6999

5.6   本章小结

本章的主要研究工作可概括为如下几点。

① 在绿色制造的消费者满意度参考模型的基础上，建立了消费者的绿色设计满意度、消费者的绿色生产满意度、消费者的绿色产品满意度模型。

② 研究了绿色产品服务的工业云架构，并提出了基于云计算的绿色产品服务工业云配置和工业云协同方案。

③ 通过对绿色产品服务决策的运维管理和绿色产品服务决策的智能评价方法的研究，提出了基于消费者满意度的绿色产品服务智能评价决策方法。

第 **6** 章

消费者行为驱动的绿色制造
服务智能决策平台

6.1 引言

　　绿色制造服务决策涉及服务企业、制造企业、终端用户之间的制造服务活动。商业生态系统中业务复杂，需要通过管理平台来沟通制造服务主体的业务往来，而新工业革命技术提供了较好的平台方案：以一切即服务模式来架构绿色制造服务决策平台，以工业物联网连通制造服务主体，以工业大数据分析制造服务活动，以工业云调度制造服务资源，从而实现绿色制造服务决策。商业生态系统中各个制造服务主体的生态位通过管理平台来确定，制造服务主体的价值创造与价值分配通过管理平台来决策，制造服务主体的产业集成与协同通过管理平台来实现。所有绿色制造服务决策中产生的功能需求以模块化方法设计成平台的功能模型，并对应功能模型来设计流程模型，以功能与流程的相互映射促成绿色制造服务的运作。同时绿色制造服务决策平台也要支持生产性服务与制造服务化业务、支持服务型制造业务、支持智能制造业务等。

　　本章针对绿色制造服务智能决策平台，提出了一种基于一切即服务的绿色制造服务智能决策平台建模方法。该方法首先采用商业生态理论分析制造服务主体之间的业务关系网络，基于生态位确定节点位置对平台要求，以此来总体设计平台架构与基础设施；然后结合绿色制造服务智能决策中的功能需求来建立管理平台的功能模型，包括功能分析、功能定义、功能设计等；最后基于新工业革命技术构建管理平台的流程模型，研究适合绿色制造服务智能决策功能的具体流程，使得功能与流程一一对应，从而进行流程分析、流程定义、流程设计等。

6.2 绿色制造服务智能决策平台总体设计

绿色制造服务智能决策平台是针对特定企业服务化需求而设计的信息化解决方案，通过平台来管理制造服务活动，并在服务企业、制造企业、终端用户之间构建商业生态系统，组织绿色制造服务决策业务，最终实现企业升级转型。作为制造服务主体交互的中介，绿色制造服务决策平台的总体设计主要解决平台核心任务、平台体系架构、平台基础设施等问题，以新工业革命技术来构建平台，支撑绿色制造服务决策的实现。

6.2.1 绿色制造服务智能决策平台模式

绿色制造服务智能决策平台分析是平台的核心任务，其根据企业历史数据分析企业现状，从区域或者行业角度分析企业在商业生态系统中的生态位，发现企业内部压力与外部挑战。平台从服务化角度提出企业转型的战略目标与战略计划，挖掘服务化转型的需求，逐步在产品中融合服务要素，以高附加值生产为目标实现绿色制造服务决策。

绿色制造服务决策平台分析的主要原则有如下三点：一是以工业大数据分析确定制造服务的业务边界，将产品要素与服务要素统一配置；二是以价值链分析确定绿色制造服务决策方案，将制造服务业务的价值创造与价值分配统一管理；三是以产业链分析确定绿色制造服务决策方案，将制造服务业务的集成与协同统一控制。

绿色制造服务智能决策平台分析在共享服务企业、制造企业、终端用户数据的基础上，进行制造服务分析，以提高企业竞争力为目标制定企业转型驱动，设计服务体系。绿色制造服务决策平台以新工业革命技术支持绿色制造服务决策，驱动制造企业转型；以商业生态系统组织绿色制造服务决策活动，驱动制造服务业务。绿色制造服务决策平台主要包括制造服务分析、转型驱动、服务体系等。绿色制造服务智能决策平台分析如图 6.1 所示。

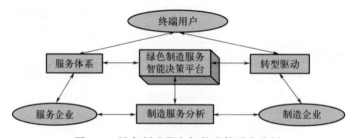

图 6.1　绿色制造服务智能决策平台分析

（1）制造服务分析

制造服务分析是以企业现状为基础，围绕产品设计服务要素，通过终端用户的个性化需求挖掘高附加值的产品服务，确定制造服务业务。制造服务业务通过模块化技术划分为产品模块与服务模块，并逐层分解，直到确定模块对应的提供者为止。制造服务分析是绿色制造服务的核心步骤，通过商业生态系统确定各类制造服务业务模块的权重，统一设计制造服务方案，并由产品模块与服务模块组合为制造服务业务。

（2）转型驱动

转型驱动是针对企业的竞争分析明确其内部压力与外部挑战，发现转型需求，制定转型路径。制造企业转型需求主要有构建供应链体系、优化供应链设计、选择合适的供应商、准确预测需求、优化配置资源等方面。服务化转型的路径主要有提供个性化综合性的解决方案、主动的产品全生命周期支持服务、以客户服务和资源支持为中心的服务管理模式、主动的供应链优化、以价值共创为导向的管理目标等内容。

（3）服务体系

服务体系是以制造服务业务为基础，确定服务目标与服务理念，进行服务业拓展与服务创新、剖析典型服务客户等，其中服务创新是关键。例如陕鼓集团在服务体系中建立的服务创新为：提供专业化全托式维修检修服务、设备的更新改造预调剂转让服务、设备健康状况管理服务等。服务体系建立是绿色制造服务的最终结果。服务是一个可持续过程，延长了产品生命周期，同时获得了高附加值，是企业转型的必由之路。智能制造推进中服务体系建立是重要环节，制造服务化的难点在于服务创新的差异化，缺乏固定模式。

6.2.2　绿色制造服务智能决策平台设计

绿色制造服务平台架构以新工业革命技术来建立制造服务业务运作的管理环境，平台以面向服务的制造为理念，以商业生态系统为基础，借用云制造架构模式来设计。平台架构是绿色制造服务平台总体设计的核心任务，从供应链角度，采用模块化方法设计基于价值链的横向融合与基于产业链的纵向融合。平台架构从制造服务主体的融合资源出发，进行信息化、服务化、智能化，为绿色制造服务提供技术支持。

绿色制造服务平台架构采用分布式结构，对制造服务主体进行多源数据感知，以工业大数据分析与决策来支撑绿色制造服务活动。平台架构的特点主要有：一是平台综合应用新工业革命技术连通制造服务主体，特别是通过工业物联网将机器设备接入工业互联网；二是平台具有强大的决策支持功能，特别是针对模糊不确定的制造服务业务识别提供了较好的解决方案；三是平台融入商业生态系统实时把握商机，特别是全面管理制造服务主体大数据与需求分析，可以快速提供制造与服务融合方法。

新工业革命中绿色制造服务平台通过对制造资源、服务资源、订单资源的封装处理，进行虚拟化和模块化，并以产品模块和服务模块组装各类制造服务系统，最终以制造服务系统与终端用户交易获取高利润。产品与服务的组合灵活多变，一方面为服务企业与制造企业创造了商业机会，另一方面为终端用户提供了制造服务，获得双赢。绿色制造服务平台架构如图 6.2 所示。

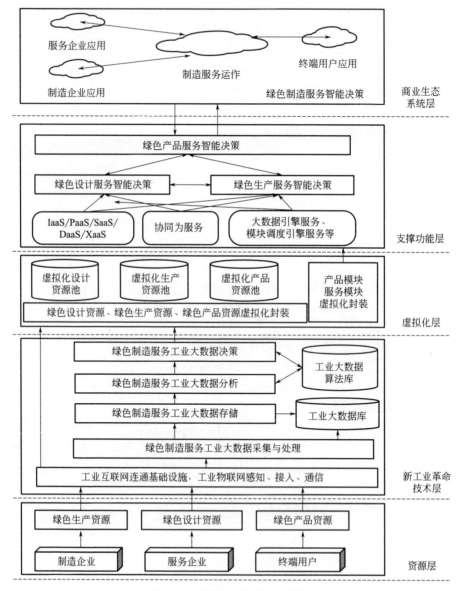

图 6.2　绿色制造服务平台架构

（1）商业生态系统层

商业生态系统层是绿色制造服务决策的应用，一般通过制造服务运作来实现制造企业应用、服务企业应用、终端用户应用。在工业云环境中，终端用户不断提出个性化需求，服务企业与制造企业响应用户需求，设计制造服务业务，将产品业务交给制造企业完成，将服务业务交给服务企业完成；产品业务与服务业务完成后融合为绿色制造服务，提供给终端用户使用，终端用户支付货币购买绿色制造服务，实现商业生态系统的循环流通。

（2）支撑功能层

支撑功能层是绿色制造服务决策的核心，其通过平台提供的基础服务来实现绿色制造服务决策的支撑功能。以云制造技术提供基础服务，比如一切即服务、协同服务、大数据引擎服务、模块调度引擎服务等；以模块化技术提供制造服务业务，比如绿色设计服务智能决策、绿色生产服务智能决策、绿色产品服务智能决策等。

（3）虚拟化层

虚拟化层是绿色制造服务决策的中介，通过工业互联网将制造资源、服务资源、订单资源虚拟化封装，并分别存入虚拟化设计资源池、虚拟化生产资源池、虚拟化产品资源池等。通过工业大数据与制造服务方案分析，在虚拟化资源池中选择资源封装为虚实映射的产品模块、服务模块，等待绿色制造服务的调用。

（4）新工业革命技术层

新工业革命技术层是绿色制造服务决策的基础，利用工业互联网连通基础设施，采用工业物联网感知、接入制造服务资源并进行通信。同时以工业大数据采集和处理绿色制造服务的各类大数据，进行存储、分析、决策，为绿色制造服务业务智能化奠定基础。

（5）资源层

资源层是绿色制造服务决策的开端，从制造企业、服务企业、终端用户的各自制造服务相关业务开始，提出绿色设计资源、绿色生产资源、绿色产品资源；同时以数字孪生技术将各类实体资源映射为虚拟资源，提供虚实双向驱动的各类绿色制造服务资源定义，为虚拟化确定绿色制造服务资源边界与内涵。

6.2.3　绿色制造服务智能决策平台管理

绿色制造服务决策平台基础设施主要包括绿色制造服务运作管理的硬件和软件设施。硬件设施以工业互联网为基础，将制造企业、服务企业、终端用户的实体资源互联互通，实现数据共享、实时传递；软件设施以工业大数据为核心，将生产数据、服务数据、订单数据实时感知与分析，进而支持制造服务业务的决策。平台基础设施随着新工业革命的深入推进会持续更新技术，不断将颠覆性技术融入平台基础设施中。

绿色制造服务决策平台基础设施的硬件资源也包括制造企业的机器接口与工业物联网器件、服务企业的服务位置信息与服务提供者状态、终端用户的通信设备接口与市场交易环境；绿色制造服务决策平台基础设施的软件资源也包括制造企业的企业资源管理与制造服务化软件、服务企业的生产性服务系统与供应链管理、终端用户的顾客体验反馈与订单消费行为分析。

新工业革命中绿色制造服务决策平台通过工业互联网、移动互联网、工业物联网等技术感知制造服务主体数据，提供绿色制造服务决策的基础功能，以工业大数据与边缘计算实现基于工业物联网的数据采集、数据通信、远程控制等功能，进而提供绿色制造服务决策的工业云集中管理制造服务业务运作。绿色制造服务智能决策平台管理如图 6.3 所示。

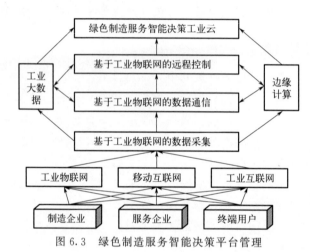

图 6.3　绿色制造服务智能决策平台管理

（1）边缘计算

边缘计算设施将繁杂的事务性管理信息系统配置在制造企业、服务企业、终端用户边缘，分布式处理制造服务业务模块，将处理结果上传工业云。边缘计算模式较好地解决了制造企业信息化集中管理的瓶颈，提高了制造服务主体的智能化水平。

（2）基于工业物联网的数据采集

基于工业物联网的数据采集通过各类传感设备采集工业大数据，进行收集、识别、选取、存储、管理。数据采集核心功能有现场实时数据采集、自动存储、即时显示、及时反馈、自动处理、自动传输等。

（3）基于工业物联网的数据通信

基于工业物联网的数据通信以工业现场总线、工业以太网、无线传感器网络为手段，提供全数字化、双向的、多节点的通信连接，实现现场控制设备的数字化和网络化。随着 5G 技术的成熟应用，数据通信能力会得到大幅提升。

（4）基于工业物联网的远程控制

基于工业物联网的远程控制利用无线或电信号对远端的机器设备进行操作，操作者在现场远端通过遥控设备，以传输通道将控制指令发送给现场近端控制器，再由近端控制器完成对被控机器设备的控制。远程控制的核心功能有状态监控、设备维护、提供服务等。

（5）绿色制造服务智能决策工业云

绿色制造服务智能决策工业云以云制造技术将制造企业、服务企业、终端用户的各类资源虚拟化、模块化，并针对制造服务方案配置制造服务模块，进而组装为绿色制造服务。在商业生态系统中，工业云与边缘计算协同管理，提供绿色制造服务决策的各种信息化软件设施。

6.3　绿色制造服务智能决策平台功能设计

绿色制造服务智能决策平台模型除了总体设计之外，还包括功能模型和流程模型。平台功能模型确定平台功能目标、核心功能、基础功能、扩展功能等，采用新工业革命技术支撑绿色制造服务决策；而流程模型是在商业生态系统中确定平台业务过程、核心业务流程、业务协同流程等，在生态位约束下实现各类制造服务功能对应的流程。在平台上功能模型与流程模型相互映射，实现绿色制造服务决策。

6.3.1　绿色制造服务智能决策平台的功能分析

绿色制造服务智能决策平台的功能分析是针对服务企业、制造企业、终端用户的具体需求进行绿色制造服务决策相关业务的分析。各个制造服务主体需求具有复杂性、动态性、实时性等特点，这就要求平台提供智能管理，以优化模型支持功能分析，特别是绿色制造服务决策中的业务功能层出不穷，需要建立一组机制来实现功能需求与功能设计之间的映射。

绿色制造服务智能决策平台的功能分析可以利用新工业革命技术实现制造服务主体需求的实时感知、大数据分析、工业云调度等基础功能，同时以模块化方法封装各类绿色制造服务决策的业务功能，分别进行设计实现。绿色制造服务决策业务简称制造服务业务，主要包含产品业务、服务业务、订单业务等，通过模块化设计生成产品模块、服务模块、订单模块等。通过模块组装就可以生成绿色制造服务来实现各类功能。

商业生态系统中，以制造服务业务的模块化设计为基础，进行绿色制造服务决策，主要包括绿色设计服务决策、绿色生产服务决策、绿色产品服务决策等。在新工业革命技术支撑下构建平台功能分析的实时环境，以一切即服务模式处理各类功能需求，提升各类企业之间智能集成水平。绿色制造服务智能决策平台的功能分析如图 6.4 所示。

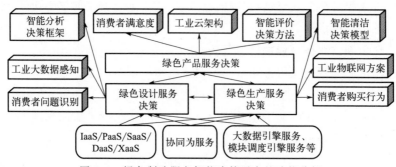

图 6.4　绿色制造服务智能决策平台的功能分析

（1）平台基础服务功能

平台基础服务功能是平台所能实现的基础性功能，包括平台制造服务运作的一切即服务模式功能、协同服务功能、工业大数据引擎服务功能、模块调度引擎服务功能等。

（2）平台绿色设计服务智能决策功能

平台绿色设计服务智能决策功能主要是针对绿色设计服务决策，研究绿色制造的消费者问题识别，构建绿色设计服务的工业大数感知，提出基于消费者问题识别的绿色设计服务分析决策框架。

（3）平台绿色生产服务智能决策功能

平台绿色生产服务智能决策功能主要是针对绿色生产服务决策，研究绿色制造的消费者购买过程，构建绿色生产服务的工业物联网方案，提出基于消费者购买过程的绿色生产服务清洁决策模型。

（4）平台绿色产品服务智能决策功能

平台绿色产品服务智能决策功能主要是针对绿色产品服务决策，研究绿色制造的消费者满意度，构建绿色产品服务的工业云架构，提出基于消费者满意度的绿色产品服务评价决策方法。

6.3.2　绿色制造服务智能决策平台的功能定义

绿色制造服务智能决策平台功能定义是将制造服务业务能够满足客户需求的能力进行描述，可以是制造企业的各类产品业务，也可以是服务企业的各类服务业务。管理平台也会提供基础的服务功能，比如制造服务主体的交互界面、系统访问登录、业务数据实时传递、工业大数据存储、绿色制造服务决策运作管理等。平台基础功能随着新工业革命技术的更新而持续改进，比如边缘计算与数字孪生的应用。

绿色制造服务智能决策平台功能定义主要是确定制造企业、服务企业、终端用户的核心功能，这些功能根据具体产业业务来定义。制造企业围绕产品的生产过程确定通过管理平台达成的业务，服务企业围绕服务的实施流程确定通过管理平台达成的业务，终端用户围绕订单的操作步骤确定通过管理平台达成的业务。各类制造服务主体在绿色制造服务决策中拓展业务范围，提高服务价值业务，创新制造服务业务。

在商业生态系统中，绿色制造服务决策产生了制造服务化与生产性服务业务，前者是制造企业服务化，后者是服务企业提供中间性服务。制造服务化是依据生态位，针对产品设计服务化功能来满足终端用户需求；生产性服务种类繁多，是服务企业为制造企业提供的全方位服务功能。绿色制造服务智能决策平台的功能定义如表 6.1 所示。

表 6.1　绿色制造服务智能决策平台的功能定义

序号	绿色制造服务功能	功能模块	描述
1	平台功能	平台基础功能 平台数据功能 平台业务功能	平台提供的各类交互与管理 平台大数据存储与分析 平台基础业务与扩展业务
2	制造企业功能	制造企业管理 产品设计制造 产品服务化	平台管理制造企业业务 制造企业产品管理 制造企业产品融合服务
3	服务企业功能	服务企业管理 服务规划实施 服务产品化	平台管理服务企业业务 服务企业服务管理 服务企业服务融合产品
4	终端用户功能	终端用户管理 订单生成交易 产品服务系统	平台管理终端用户业务 终端用户订单管理 终端用户体验产品服务
5	生产性服务功能	资金筹措管理 人力资本管理 物料供应管理	为企业提供融资服务 为企业提供人才服务 为企业提供物料服务
6	制造服务化功能	服务要素增强 制造服务融合 服务模式创新	产品服务功能设计 产品服务一体化 服务特征提取建模

（1）平台功能

平台功能主要包括平台基础功能、平台数据功能、平台业务功能等。平台功能实现平台的新工业革命技术应用与商业生态系统环境构建，平台功能内涵丰富，持续改进，支撑各类制造服务主体的业务与绿色制造服务运作。

（2）制造企业功能

制造企业功能主要包括制造企业管理、产品设计制造、产品服务化等。制造企业在绿色制造服务决策中将部分业务交给平台统一管理，在享用平台资源的同时，专注于产品设计制造业务，并进行基于产品的服务化业务。

（3）服务企业功能

制造企业功能主要包括服务企业管理、服务规划实施、服务产品化等。服务企业在绿色制造服务决策中将部分业务交给平台统一管理，在享用平台资源的同时，专注于服务规划实施业务，并进行基于服务的产品化业务。

（4）终端用户功能

终端用户功能主要包括终端用户管理、订单生成交易、产品服务系统等。终端用户在绿色制造服务决策中将部分业务交给平台统一管理，在享用平台资源的同时，专注于订单生成交易业务，并体验产品服务系统，促进绿色制造服务决策。

（5）生产性服务功能

生产性服务功能主要包括资金筹措管理、人力资本管理、物料供应管理等。服务企业通过平台为制造企业提供中间性服务，解决制造企业的人力、资金、物料等方面的需求问题。生产性服务还包括各种针对制造企业的知识服务、信息咨询、数据管理等功能。

（6）制造服务化功能

制造服务化功能主要包括服务要素增强、制造服务融合、服务模式创新等。制造企业在生产产品的基础上，逐步提高服务要素的占比来实现产品增值，并将产品服务深度融合为制造服务系统提供给终端用户，获取双赢的价值创造。

6.3.3　绿色制造服务智能决策平台的功能管理

绿色制造服务智能决策平台的功能管理是在功能分析的基础上，在功能定义约束下进行具体业务的功能描述。功能管理将特定企业的需求映射为功能，并组织相关资源实现功能，各类功能需要与需求一一对应，并具有普适性，在某些行业或者区域形成规模化的功能群，以此组成绿色制造服务决策平台的功能集合。

绿色制造服务智能决策平台的功能管理一般要遵循如下原则：一是符合新工业革命技术的适用范围来设计制造服务主体的功能，支持智能制造的实现；二是在商业生态系统中以生态位确定各类制造服务主体的功能定位，使得功能融入市场运作生态圈；三是以绿色制造服务决策为目标，加强服务要素的权重，实现功能方案的价值增值。随着商业生态系统需求的变更，平台提供功能更新的智能化映射机制。

在商业生态系统中，绿色制造服务决策功能管理依赖于工业互联网技术与工业大数据管理，具体分为平台基础管理功能、绿色设计服务智能决策功能、绿色生产服务智能决策功能、绿色产品服务智能决策功能、平台制造服务业务管理功能、商业生态系统功能、工业大数据管理功能等类型，每大类中包含具体的核心功能与扩展功能，并且平台的具体功能随着历史数据更新与实时需求反馈动态化调整。绿色制造服务智能决策平台的功能管理如图 6.5 所示。

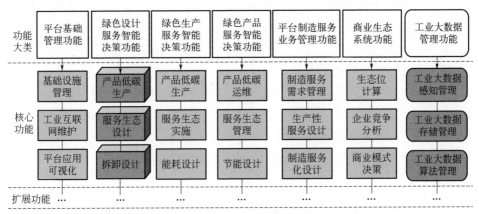

图 6.5　绿色制造服务智能决策平台的功能管理

（1）平台基础管理功能

平台基础管理功能是实现功能运转的关键业务，主要包括基础设施管理、工业互联网维护、平台应用可视化等核心功能。扩展功能集中在新工业革命技术在平台的应用，比如工业物联网管理、工业云调度、工业智能算法库、边缘计算管理、5G 网络组网、移动互联网等。

（2）绿色设计服务智能决策功能

绿色设计服务智能决策功能是平台管理的重要业务之一，主要包括产品低碳设计、服务生态设计、拆卸设计等核心功能。扩展功能是围绕绿色设计服务决策的功能。

（3）绿色生产服务智能决策功能

绿色生产服务智能决策功能是平台管理的重要业务之一，主要包括产品低碳生产、服务生态实施、能耗设计等核心功能。扩展功能是围绕绿色生产服务决策的功能。

（4）绿色产品服务智能决策功能

绿色产品服务智能决策功能是平台管理的重要业务之一，主要包括产品低碳运维、服务生态管理、节能设计等核心功能。扩展功能是围绕绿色产品服务决策业务的功能。

（5）平台制造服务业务管理功能

平台制造服务业务管理功能是平台管理的核心，主要包括制造服务需求管理、生产性服务设计、制造服务化设计等核心功能。扩展功能集中在制造与服务融合的应用模式，比如产品服务系统、服务型制造、云制造、制造物联、分布式制造、社区化制造等。

(6) 商业生态系统功能

商业生态系统功能是平台管理的环境要素，主要包括生态位计算、企业竞争分析、商业模式决策等核心功能。扩展功能围绕商业生态系统相关活动来设计，比如商业生态系统构造、服务企业生态分析、制造企业生态分析、终端用户生态分析等。

(7) 工业大数据管理功能

工业大数据管理功能是实现功能的动力源泉，主要包括工业大数据感知管理、工业大数据存储管理、工业大数据算法管理等核心功能。扩展功能围绕工业大数据应用，比如平台大数据分析、平台大数据决策、平台工业大数据可视化、历史数据聚类等。

6.4 绿色制造服务智能决策平台流程设计

绿色制造服务智能决策平台模型中的流程模型用于定义平台的动态特性，通过流程分析确定功能基本过程，然后针对基本过程设计每个步骤的实现方案，调度各类资源完成每个步骤，确保平台功能模型中各类功能的运行以及平台的基础管理。流程模型以规范化的系统设计方法深入分析每个功能的运行逻辑，协同制造服务主体之间的资源与时间冲突，设计合理的业务流程，为绿色制造服务决策奠定基础。

6.4.1 绿色制造服务智能决策平台流程分析

绿色制造服务智能决策平台的流程分析是针对服务企业、制造企业、终端用户的具体功能进行绿色制造服务决策相关过程的分析。流程分析以用户实例描述业务过程，针对制造服务功能定义具体的业务开始条件、业务详细步骤、业务结束信息等，建立一套机制来实现业务功能与业务流程之间的映射。

在绿色制造服务智能决策平台的流程分析中，可以利用新工业革命技术实现制造服务主体的平台访问机制、主体之间实时交互、流程算法调度等基础功能，同时以模块化方法封装各类绿色制造服务决策的业务流程，分别进行设计实现。制造服务业务流程主要包含产品业务流程、服务业务流程、订单业务流程等，通过模块化设计生成产品流程模块、服务流程模块、订单流程模块等。以功能与流程映射为基础，通过流程模块来实现对应的各类功能。

商业生态系统中以制造服务业务流程的模块化设计为基础，进行绿色制造服务决策设计，主要包括绿色设计服务智能决策流程设计、绿色生产服务智能决策流程设计、绿色产品服务智能决策流程设计等内容。在新工业革命技术支撑下构建平台流程分析的实时环境，以数字孪生技术实现各类流程与业务的虚实结合，提升各类企业之间智能协同水平。绿色制造服务智能决策平台的流程分析如图6.6所示。

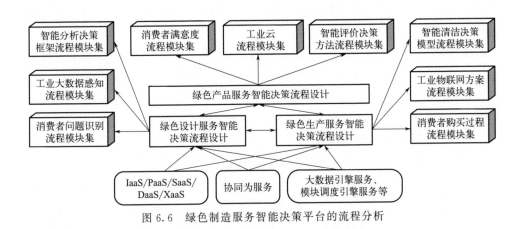

图 6.6 绿色制造服务智能决策平台的流程分析

(1) 平台基础服务流程

平台基础服务流程是确保平台顺利运转的基础性业务过程，包括平台采用一切即服务模式的运作方式、协同为服务的流程更新方法、工业大数据引擎服务触发过程、模块调度引擎服务触发步骤等流程。

(2) 绿色设计服务智能决策流程设计

绿色设计服务智能决策流程设计主要是针对绿色设计服务决策，研究绿色制造的消费者问题识别流程模块集，构建绿色设计服务的工业大数据感知流程模块集，提出基于消费者问题识别的绿色设计服务分析决策框架流程模块集。

(3) 绿色生产服务智能决策流程设计

绿色生产服务智能决策流程设计主要是针对绿色生产服务决策，研究绿色制造的消费者购买过程流程模块集，构建绿色生产服务的工业物联网方案流程模块集，提出基于消费者购买过程的绿色生产服务清洁决策模型流程模块集。

(4) 绿色产品服务智能决策流程设计

绿色产品服务智能决策流程设计主要是针对绿色产品服务决策，研究绿色制造的消费者满意度流程模块集，构建绿色产品服务的工业云架构流程模块集，提出基于消费者满意度的绿色产品服务评价决策方法流程模块集。

6.4.2　绿色制造服务智能决策平台流程定义

　　绿色制造服务智能决策平台流程定义指针对平台功能的实现过程进行设计方法步骤，包括制造企业通过平台实现功能的具体步骤、服务企业通过平台实现功能的具体步骤、终端用户通过平台实现功能的具体步骤等内容。管理平台也会提供基础的服务流程，比如制造服务主体的交互流程、系统访问登录流程、业务数据实时传递流程、工业大数据存储流程、制造服务运作管理流程等。平台基础流程随着新工业革命技术的更新而持续改进。

　　绿色制造服务智能决策平台流程定义目的是确定制造企业、服务企业、终端用户的核心流程，这些流程与核心功能一一对应。制造企业围绕产品的生产过程确定通过平台管理的业务流程；服务企业围绕服务的实施过程确定通过平台管理的业务流程；终端用户围绕订单的操作步骤确定通过平台管理的业务流程。各类制造服务主体在绿色制造服务决策中设计各类平台功能对应的业务流程。

　　在商业生态系统中，绿色制造服务决策产生了制造服务化与生产性服务业务：制造服务化流程根据企业产品确定服务创新模式来增强服务要素，设计具体步骤；生产性服务流程根据服务企业确定提供服务的方法步骤，设计服务流程。制造服务化与生产性服务流程定义依据特定功能来建模，确定变量与指标，分析绿色制造服务决策，优化业务过程。绿色制造服务智能决策平台流程定义如表6.2所示。

表6.2　绿色制造服务智能决策平台的流程定义

序号	制造服务流程	流程模块	描述
1	平台流程	平台物联流程 平台数据流程 平台管理流程	各类资源接入平台流程 各类数据平台管理步骤 基础性功能的管理过程
2	制造企业流程	制造企业平台流程 产品设计制造流程 产品服务化流程	平台设置制造企业管理流程 产品设计制造涉及的方法步骤 针对产品融合服务要素的过程
3	服务企业流程	服务企业平台流程 服务规划实施流程 服务产品化流程	平台设置服务企业管理流程 服务规划实施涉及的方法步骤 针对服务融合产品要素的过程
4	终端用户流程	平台终端用户流程 订单生成交易流程 产品服务系统流程	平台设置终端用户管理流程 订单生成交易涉及的方法步骤 针对产品服务一体化的过程
5	生产性服务流程	资金筹措管理流程 人力资本管理流程 物料供应管理流程	为制造企业提供资金管理流程 为制造企业提供人力管理流程 为制造企业提供物料管理流程
6	制造服务化流程	服务要素增强流程 制造服务融合流程 服务模式创新流程	设计产品相关服务的过程 产品与服务相互映射的方法 针对服务业务建模流程

（1）平台流程

平台流程主要包括平台物联流程、平台数据流程、平台管理流程等。平台流程围绕平台功能，结合新工业革命技术与商业生态系统设计各类功能的实现步骤，平台流程持续改进，支撑各类制造服务主体的业务与制造服务运作。

（2）制造企业流程

制造企业流程主要包括制造企业平台流程、产品设计制造流程、产品服务化流程等。平台统一管理制造企业部分业务，实现制造与服务融合的创新功能，设计对应的功能流程次序，并考虑业务并行中流程优先级。

（3）服务企业流程

服务企业流程主要包括服务企业平台流程、服务规划实施流程、服务产品化流程等。平台统一管理服务企业部分业务，实现制造与服务融合的创新功能，设计服务企业功能对应的具体步骤，并考虑各类功能的时间序列流程。

（4）终端用户流程

终端用户流程主要包括平台终端用户流程、订单生成交易流程、产品服务系统流程等。平台统一管理终端用户部分业务，实现制造与服务融合的创新功能，在终端用户体验制造服务过程中，支付制造服务价值，获得制造服务使用价值，并反馈使用体验。

（5）生产性服务流程

生产性服务流程主要包括资金筹措管理流程、人力资本管理流程、物料供应管理流程等。设计生产性服务的开始条件、服务对象、服务过程、服务终止等步骤，平台根据服务企业和制造企业的业务流程时间序列，优化生产性服务流程。

（6）制造服务化流程

制造服务化流程主要包括服务要素增强流程、制造服务融合流程、服务模式创新流程等。设计制造服务化的开始条件、服务对象、服务过程、服务终止等步骤，平台根据制造企业和终端用户的业务流程时间序列，优化制造服务化流程。

6.4.3　绿色制造服务智能决策平台流程管理

绿色制造服务决策平台的流程设计是在流程分析的基础上，以流程定义与功能设计为参照进行业务流程的设计。流程设计与功能设计一一对应，相互映射，相互约束，相辅相成。在制造与服务融合过程中，注重以产品实体化与服务虚拟化来设计具体的业务过程，在时间轴上设计业务步骤，在某些行业或者区域形成规模化的流程群，以此组成平台的流程集合。

绿色制造服务智能决策平台的流程设计一般要遵循如下原则：一是具体业务流程考虑价值链要素，使得业务过程创造价值；二是在商业生态系统中以产业链确定各类制造服务主体的业务流程，在时间和空间维度进行优化；三是以制造与服务融合为目标，分析供应链稳定性，确保业务流程顺利实现。随着商业生态系统需求的变更，提供流程更新的智能化映射机制。

在商业生态系统中，绿色制造服务决策流程设计依赖于工业互联网技术与工业大数据管理，具体分为平台基础管理流程、绿色设计服务智能决策流程、绿色生产服务智能决策流程、绿色产品服务智能决策流程、平台制造服务业务管理流程、商业生态系统流程、工业大数据管理流程等类型，每大类中包含具体的核心流程与扩展流程，并且平台的具体流程随着历史数据更新与实时需求反馈进行动态化调整。绿色制造服务智能决策平台的流程设计如图6.7所示。

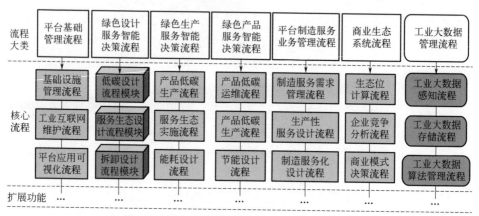

图 6.7 绿色制造服务智能决策平台流程设计

(1) 平台基础管理流程

平台基础管理流程是对基础功能实现的具体过程，主要包括基础设施管理流程、工业互联网维护流程、平台应用可视化流程等核心流程。扩展流程针对平台扩展功能进行流程建模，比如工业物联网管理流程、工业云调度流程、工业智能算法库管理流程、边缘计算管理流程、5G网络组网流程、移动互联网流程等。

(2) 绿色设计服务智能决策流程

绿色设计服务智能决策流程是平台管理的重要业务之一，主要包括产品低碳设计流程模块、服务生态设计流程模块、拆卸设计流程模块等流程，扩展流程是围绕绿色设计服务决策的流程。

(3) 绿色生产服务智能决策流程

绿色生产服务智能决策流程是平台管理的重要业务之一，主要包括产品低碳生产流程、服务生态实施流程、能耗设计流程等核心流程，扩展流程是围绕绿色生产服务决策的流程。

(4) 绿色产品服务智能决策流程

绿色产品服务智能决策流程是平台管理的重要业务之一，主要包括产品低碳运维流程、产品低碳生产流程、节能设计流程等核心流程，扩展流程是围绕绿色产品服务决策业务的流程。

（5）平台制造服务业务管理流程

平台制造服务业务管理流程是平台管理的主要流程，主要包括制造服务需求管理流程、生产性服务设计流程、制造服务化设计流程等核心流程。扩展流程集中在制造与服务融合的应用过程，比如产品服务系统流程、服务型制造流程、云制造流程、制造物联流程、分布式制造流程、社区化制造流程等。

（6）商业生态系统流程

商业生态系统流程提供平台管理的流程环境，主要包括生态位计算流程、企业竞争分析流程、商业模式决策流程等核心流程。扩展流程围绕商业生态系统相关活动来设计具体实现步骤，比如商业生态系统构造流程、服务企业生态分析流程、制造企业生态分析流程、终端用户生态分析流程等。

（7）工业大数据管理流程

工业大数据管理流程作为实现动力源泉，主要包括工业大数据感知流程、工业大数据存储流程、工业大数据算法管理流程等核心流程。扩展流程一般为工业大数据应用流程，比如平台大数据分析流程、平台大数据决策流程、平台工业大数据可视化流程、历史数据聚类流程等。

6.5　本章小结

本章主要研究了绿色制造服务智能决策的管理平台，概括如下：

① 在分析绿色制造服务特点的基础上，将一切即服务模式和面向服务架构结合起来，构建了绿色制造服务智能决策管理平台，该平台具有一定的通用性和可扩展性，可有效提供绿色制造服务智能决策所需支撑条件。

② 结合商业生态系统理论，建立了绿色制造服务智能决策的功能模型，该模型针对服务企业、制造企业和终端用户建立了绿色制造服务智能决策功能模型，有效刻画了三种制造服务主体驱动的绿色制造服务决策业务。

③ 从新工业革命技术的角度，提出了绿色制造服务智能决策功能对应的流程模型，分析了各类制造服务业务过程与资源需求，定义了绿色制造服务智能决策的基本流程，并设计基本流程涉及的各类资源管理与调度规则，保障绿色制造服务智能决策的顺利实现。

第**7**章

总结与展望

7.1 绿色制造服务智能决策的理论技术总结

本书针对绿色制造服务决策的需求，结合消费者行为理论与绿色制造技术，研究了绿色制造服务决策机制，在引入消费者行为和绿色制造的基础上提出绿色制造服务智能决策体系。主要研究了基于消费者问题识别的绿色设计服务智能决策、消费者购买行为驱动的绿色生产服务智能决策、基于消费者满意度的绿色产品服务智能决策等问题，最后，完成了绿色制造服务智能决策体系的建立。主要理论技术的内容如下：

① 分析了消费者行为理论和绿色制造技术，即消费者问题识别、消费者购买过程、消费者满意度，以及绿色设计、绿色生产、绿色产品等。在此基础上，提出了基于消费者行为的绿色制造服务智能决策体系。

② 针对绿色设计服务决策，提出了一种基于消费者问题识别和工业大数据的绿色设计服务智能决策方法。该方法首先采用绿色制造服务问题识别与消费者问题实际状态映射模型，来构建绿色制造的消费者问题识别参考模型；然后从绿色设计角度研究工业大数据感知，提出了基于大数据的绿色设计服务工业大数据采集和工业大数据存储方法；最后通过对绿色设计服务决策的需求管理和绿色设计服务决策的分析框架的研究，提出了基于消费者问题识别的绿色设计服务智能分析决策方法。

③ 针对绿色生产服务决策，提出了一种基于消费者购买过程和工业物联网的绿色生产服务智能决策方法。该方法首先采用绿色制造服务购买行为基本问题与消费者购买行为映射，来构建绿色制造的消费者购买过程参考模型；然后从绿色生产角度研究工业物联网方案，提出了基于物联网的绿色生产服务工业物联网

架构和工业物联网设计方法；最后通过对绿色生产服务决策的工艺管理和绿色生产服务决策的清洁模型的研究，提出了消费者购买行为驱动的绿色生产服务智能清洁决策方法。

④ 针对绿色产品服务决策，提出了一种基于消费者满意度和工业云的绿色产品服务智能决策方法。该方法首先采用绿色制造服务满意度测度与消费者绿色满意度映射，来构建绿色制造的消费者满意度参考模型；然后从绿色产品角度研究工业云架构，提出了基于云计算的绿色产品服务工业云配置和工业云协同方法；最后通过对绿色产品服务决策运维管理和评价方法研究，提出了基于消费者满意度的绿色产品服务智能评价决策方法。

⑤ 针对绿色制造服务决策平台，提出了一种基于一切即服务的绿色制造服务智能决策平台的建模方法。该方法采用商业生态理论分析制造服务主体之间的业务关系网络，并基于生态位确定节点位置对平台的要求，以此来总体设计平台架构和基础设施；然后结合绿色制造服务决策中的功能需求来建立管理平台的功能模型，包括功能分析、功能定义、功能设计等；最后基于新工业革命技术构建管理平台的流程模型，研究适合绿色制造服务智能决策功能的具体流程，使得功能与流程一一对应，进行流程分析、流程定义、流程设计等。

本书关于绿色制造服务智能决策机制的主要特色为：

① 从制造与服务融合的整体角度，以生产性服务和制造服务化为基础，建立了一种基于绿色制造的绿色制造服务智能决策体系，该体系从绿色设计服务决策、绿色生产服务决策、绿色产品服务决策等方面形成绿色制造服务智能决策的核心内容。

② 将消费者行为理论引入绿色制造服务决策研究，提出了一组消费者行为驱动的绿色制造服务智能决策体系，该体系从消费者问题识别角度分析绿色设计服务决策、从消费者购买角度控制绿色生产服务决策、从消费者满意度角度进行绿色产品服务决策，以消费者行为驱动绿色制造服务决策，使服务企业、制造企业和终端用户三方取得共赢。

③ 将智能制造技术融入绿色制造服务决策应用，构建了一套在绿色制造背景下运作的绿色制造服务智能决策技术体系，该体系从绿色设计服务工业大数据采集和存储方法、绿色生产服务工业物联网架构和工业物联网设计、绿色产品服务工业云配置和工业云协同等方面将分散的绿色制造服务资源集成起来共同创造价值，提高了制造企业的核心竞争力，有效融合了制造和服务。

本书的主要创新点有：

① 提出了一组基于消费者问题识别和工业大数据相结合的绿色设计服务智能决策方法。

② 提出了一种基于消费者购买过程和工业物联网相结合的绿色生产服务智

能决策方法。

③ 提出了一套基于消费者满意度和工业云相结合的制造与绿色产品服务智能决策方法。

7.2　绿色制造服务智能决策的研究难点探讨

绿色制造服务研究还处于初始阶段,一方面制造服务理论研究还不成熟,制造服务概念还不清晰,制造服务原理还不明确;另一方面,绿色制造相关技术还没有完全突破,绿色设计、绿色生产、绿色产品等技术在制造领域应用还有待深入,特别是绿色制造模式在制造业应用中存在一些障碍。通过初步研究发现,绿色制造服务智能决策研究的主要难点如下:

① 绿色设计服务智能决策方面,绿色设计应用涉及制造服务主体的私有信息保护,特别是涉及价值分配方面的金融信息不可获取。对于制造服务主体的绿色设计安全和区块链应用等方面还需要深入研究。

② 绿色设计生产服务智能决策方面,制造服务主体的价值主张差异较大,特别是终端用户与服务企业之间的价值交换中服务质量与服务价格很难统一策略,终端用户与制造企业之间的价值交换存在个性化定制效应,制造企业与服务企业之间关于外包业务价值博弈也是价值分配难点。绿色制造服务决策平台的交易模式问题也值得探讨。

③ 绿色产品服务智能决策方面,制造服务系统集成生命周期理论需要结合产业链来完善,不同演化阶段的演化机制从生态学角度设计是一个方向。对于消费者满意度与制造服务系统在演化中的协同机制需要进一步分析。

7.3　绿色制造服务智能决策的应用前景展望

绿色制造服务决策研究内容较多,问题复杂,属于多学科交叉研究,研究结果为服务企业、制造企业、终端用户的制造与服务融合提供支持,同时也是智能制造的重要组成部分。在制造企业服务化与服务企业智能化等方面应用前景广阔。

① 面向国际制造企业的绿色制造服务智能决策,可以帮助企业在全球范围运作和管理,以绿色制造服务决策平台统一配置各国业务模式,并且提供不同国家制造与服务的占比,在商业生态系统中提高竞争力,主导全球产业链的重组与

重构，及时调整产业政策，在智能制造领域选择最新技术，以人工智能支持绿色制造服务决策。

② 面向中央制造企业的绿色制造服务智能决策，可以帮助企业更快地实现技术和管理创新，以政府计划推进企业资源保护与技术研发，将生产性服务提升质量，为制造企业创造良好的运作环境，带动相关服务产业发展，形成政策与技术优势，在国内配置企业资源，在全球获取最新技术，以智能制造推进绿色制造服务决策。

③ 面向民营制造企业的绿色制造服务智能决策，可以提供企业灵活多变的自主创新平台，以区域性绿色制造服务决策平台发展地域化集群产业，将制造与服务有机结合，弥补央企的业务盲点，快速在商业生态系统中找到合适的生态位。同时，以行业化绿色制造服务决策平台提供行业服务，突出行业特色，从政府、产业、企业各方需求出发，进行绿色制造服务决策。

参 考 文 献

[1] 王政. 国际竞争力显著增强 创新能力明显提升 制造业增加值连续十一年世界第一 [J]. 上海商业, 2021, 33 (09): 4-7.

[2] 刘飞, 李聪波, 曹华军, 等. 基于产品生命周期主线的绿色制造技术内涵及技术体系框架 [J]. 机械工程学报, 2009, 45 (12): 115-120.

[3] 《中国制造 2025》解读之: 绿色发展是大势所趋、潮流所向 [J]. 工业炉, 2024, 46 (01): 20.

[4] 张卫, 王兴康, 石涌江, 等. 基于消费者行为的绿色制造服务决策方法 [J]. 机械工程学报, 2023, 59 (07): 68-80.

[5] Stock T, Seliger G. Opportunities of sustainable manufacturing in industry 4.0 [J]. Procedia CIRP, 2016, 40: 536-541.

[6] Deif A M. A system model for green manufacturing [J]. Journal of Cleaner Production, 2011, 19 (14): 1553-1559.

[7] 刘飞, 曹华军, 何乃军. 绿色制造的研究现状与发展趋势 [J]. 中国机械工程, 2000, (Z1): 114-119, 5.

[8] 陶桂宝, 王丽丹, 曹华军. 绿色制造剃齿切削油液选择模型及应用 [J]. 重庆大学学报, 2015, 38 (06): 75-83.

[9] 曹华军, 李洪丞, 曾丹, 等. 绿色制造研究现状及未来发展策略 [J]. 中国机械工程, 2020, 31 (02): 135-144.

[10] 林志炳, 陈莫凡, 李钰雯. 考虑绿色制造及企业社会责任行为的零售商自有品牌策略研究 [J]. 管理工程学报, 2023, 37 (1): 216-224.

[11] 张比鹏, 韩聪, 王靖涵. 基于 BP 神经网络的集装箱制造过程绿色度评价研究 [J]. 机械工程与自动化, 2023, (06): 55-57.

[12] 丁韩, 李明, 袁逸萍. 基于绿色制造的高端变压器加工过程评价模型研究 [J]. 组合机床与自动化加工技术, 2019, (08): 157-160.

[13] 赵刚, 阮丹, 王强, 等. 面向制造过程的钢铁企业绿色性量化评价 [J]. 机械设计与制造, 2019, (S1): 157-160, 164.

[14] 孙婷婷, 高宏伟, 奚道云. 绿色制造评价指标体系构建 [J]. 中国标准化, 2021 (08): 16-20.

[15] 赵越. T 公司服装设计师绩效薪酬管理体系优化 [D]. 北京: 中央民族大学, 2019.

[16] 严蓓兰. 电机生产企业绿色工厂评价内容、指标及方法的研究 [J]. 电机与控制应用, 2018, 45 (07): 84-88, 115.

[17] 张庆平, 叶志良. 家电制造企业绿色供应链环境绩效指标体系构建研究——以广东顺德为例 [J]. 物流科技, 2016, 39 (01): 124-129.

[18] 张旭辉, 郭欢欢, 马宏伟, 等. 基于生命周期的采煤机绿色评价方法研究及应用 [J]. 煤炭科学技术, 2021, 49 (06): 205-212.

[19] 张林. 绿色制造模式下的汽车零部件供应商综合优势预测 [J]. 物流技术, 2014, 33 (05): 303-305.

[20] 吴超华. 面向绿色制造的硅棒多线线锯工艺评价及优化研究 [D]. 武汉: 武汉理工大学, 2020.

[21] Hou C, Chen H, Long R. Coupling and coordination of China's economy, ecological environment and health from a green production perspective [J]. International Journal of Environmental Science and

Technology, 2022, 19 (5): 4087-4106.

[22] Wang J, Wei X, Guo Q. A three-dimensional evaluation model for regional carrying capacity of ecological environment to social economic development: Model development and a case study in China [J]. Ecological Indicators, 2018, 89 (5): 348-355.

[23] Gao W, Chen F, Yan W, et al. Toward green manufacturing evaluation of light-emitting diodes (LED) production-A case study in China [J]. Journal of Cleaner Production, 2022, 368 (5): 133-149.

[24] 耿凯峰, 叶春明, 吴绍兴, 等. 分时电价下多目标绿色可重入混合流水车间调度 [J]. 中国机械工程, 2020, 31 (12): 1469-1480.

[25] 赵希坤, 李聪波, 杨勇, 等. 数据-机理混合驱动下考虑刀具柔性的柔性加工工艺参数能效优化方法 [J]. 机械工程学报, 2024, 60 (7): 236-248.

[26] 吕岩, 徐正军, 李聪波, 等. 考虑扰动事件的机械加工工艺参数与车间动态调度综合节能优化 [J]. 机械工程学报, 2022, 58 (19): 242-255.

[27] Srinivas M, Patnaik L M. Adaptive probabilities of crossover and mutation in genetic algorithms [J]. IEEE Transactions on Systems, Man, and Cybernetics, 1994, 24 (4): 656-667.

[28] Singh S, Bansal J C. Mutation-driven grey wolf optimizer with modified search mechanism [J]. Expert Systems with Applications, 2022, 194: 116450.

[29] Liu X, Li G, Yang H, et al. Agricultural UAV trajectory planning by incorporating multi-mechanism improved grey wolf optimization algorithm [J]. Expert Systems with Applications, 2023, 233: 120946.

[30] Zhang C, Ji W. Digital twin-driven carbon emission prediction and low-carbon control of intelligent manufacturing job-shop [J]. Procedia CIRP, 2019 (9), 83: 624-629.

[31] Tian C, Zhou G, Zhang J, et al. Optimization of cutting parameters considering tool wear conditions in low-carbon manufacturing environment [J]. Journal of Cleaner Production, 2019, 226 (7): 706-719.

[32] Zhang Y, Xu H, Huang J, et al. Low-Carbon and Low-Energy-Consumption Gear Processing Route Optimization Based on Gray Wolf Algorithm [J]. Processes, 2022, 10 (12): 258-275.

[33] Maglio P P, Srinivasan S, Kreulen J T, et al. Service systems, service scientists, SSME, and innovation [J]. Communications of the ACM, 2006, 49 (7): 81-85.

[34] 徐晓飞, 王忠杰, 莫同. 服务工程方法体系 [J]. 计算机集成制造系统, 2007, 13 (8): 1457-1464.

[35] 王忠杰, 吴倩, 徐晓飞. 组合 Web 服务的价值分析方法 [J]. 计算机集成制造系统, 2014, 20 (8): 2038-2050.

[36] 王忠杰, 徐飞, 徐晓飞. 支持大规模个性化功能需求的服务网络构建 [J]. 软件学报, 2014, 25 (6): 1180-1195.

[37] 战德臣, 程臻, 赵曦滨, 等. 制造服务及其成熟度模型 [J]. 计算机集成制造系统, 2012, 18 (7): 1584-1595.

[38] 何霆, 徐晓飞, 金铮. 基于 E～3-Value 的服务供应链运作管理流程和方法 [J]. 计算机集成制造系统, 2011, 17 (10): 2231-2238.

[39] 王忠杰, 徐晓飞. 基于分层超图的服务价值依赖模型 [J]. 计算机集成制造系统, 2011, 17 (8):

1834-1844.

[40] 王忠杰，徐晓飞．多层次图形化服务价值建模方法［J］．计算机集成制造系统，2009，15（12）：2319-2328.

[41] 王忠杰，徐晓飞．面向双边资源整合的服务创新模式［J］．计算机集成制造系统，2009，15（12）：2216-2226.

[42] Mont O. Clarifying the concept of product service system［J］. Journal of Cleaner Production，2002，10（3）：237-245.

[43] Manzini E，Vezzoli C. A strategic design approach to develop sustainable product service systems：examples taken from the environmentally friendly innovation Italian prize［J］. Journal of Cleaner Production，2003，11（8）：851-857.

[44] Morelli N. Developing new product service systems（PSS）：Methodologies and operational tools［J］. Journal of Cleaner Production，2006，14（17）：1495-1501.

[45] Mont O，Tukker A. Product service systems：Reviewing achievements and refining the research agenda［J］. Journal of Cleaner Production，2006，14（17）：1451-1454.

[46] Meier H.，Roy R.，Seliger G. Industrial Product Service Systems IPS2［J］. CIRP Annals Manufacturing Technology，2010，59（2）：607-627.

[47] Evans S. Cogent-implementing a successful vehicle manufacturer/supplier co-development initiative［J］. Journal of Materials and Manufacturing，2002，111（1）：204-205.

[48] Evans S，Partidario P，Lambert J. Industrialization as a key element of sustainable product-service solutions.［J］. International Journal of Production Research，2007，45（18）：4225-4246.

[49] Partidario P，Lambert J，Evans S. Building more sustainable solutions in production-consumption systems：the case of food for people with reduced access［J］. Journal of Cleaner Production，2007，15（7）：513-524.

[50] Lettice F，Wyatt C，Evans S. Buyer-supplier partnerships during product design and development in the global automotive sector：who invests，in what and when?［J］. International Journal Production Economics，2010，127（2）：309-319.

[51] Tan A，Matzen D，McAloone T，Evans S. Strategies for Designing and Developing Services for Manufacturing Firms［J］. CIRP Journal of Manufacturing Science and Technology，2010，33（3）：90-97.

[52] Yang M，Rana P，Evans S. Using Value Analysis to Drive Sustainable Product-Service System（PSS）［C］// Proceedings of The Spring Servitization Conference 2013：Servitization in the multi-organisation enterprise. Aston Business School，Birmingham，UK，2013：85-93.

[53] Gokula Vijaykumar A V，Komoto H，Hussain R，et al. Manufacturing framework for capability-based product-service systems design［J］. Journal of Remanufacturing，2013，3（8）：1-32.

[54] 宋高歌．基于资源节约的产品服务系统协调机制研究［D］．上海：上海交通大学，2007.

[55] 杨宇时．以可持续发展为目标的产品服务系统设计研究［D］．无锡：江南大学，2009.

[56] 张在房．顾客需求驱动的产品服务系统方案设计技术研究［D］．上海：上海交通大学，2011.

[57] 朱琦琦，江平宇，张明，王宪翔．数控加工装备的产品服务系统配置与运行体系结构研究［J］．计算机集成制造系统，2009，15（6）：1140-1147.

[58] 刘和东，薛跃．基于产品服务系统的绿色供应链研究［J］．工业技术经济，2007，126（17）：

62-64.

[59] 李晓. 企业产品服务系统价值流理论与方法研究 [D]. 杭州：浙江大学，2010.

[60] Xiao Li, Xinjian Gu, Zhenggang Liu. A strategic performance measurement system for firms across supply and demand chains on the analogy of ecological succession [J]. Ecological Economics，2009，68（12）：2918-2929.

[61] 李晓，刘正刚，顾新建. 面向可持续发展的企业产品服务系统研究 [J]. 中国工业经济，2011，23（2）：110-119.

[62] 顾新建，方小卫，纪杨建，等. 制造服务创新方法和案例 [M]. 北京：科学出版社，2014.

[63] 顾新建，李晓，祁国宁，等. 产品服务系统理论和关键技术探讨 [J]. 浙江大学学报（工学版），2009，43（12）：2237-2243.

[64] 江平宇，朱琦琦，张定红. 工业产品服务系统及其研究现状 [J]. 计算机集成制造系统，2011，17（9）：2071-2077.

[65] Greenfield H. Manpower and the growth of producer services [M]. New York：Columbia University Press，1966.

[66] Healey M J，Ilbery B W. Location & Change：Perspective of Economic Geography [M]. London：Oxford University Press，1990.

[67] Howells J，Green A E. Location，technology and industrial organisation in UK services [J]. Progress in Planning，1986，26：83-183.

[68] Hansen N. The strategic role of producer services in regional development [J]. International Regional Science Review，1993，16（1-2）：187-195.

[69] Daniels. Service Industries：a Geographical Appraisal [M]. London：Methuen，1985.

[70] Coffey W J，Bailly A S. Producer services and flexible production：an exploratory analysis [J]. Growth and Change，1991，22（4）：95-117.

[71] Harrington J W. Producer services research in US regional studies [J]. The Professional Geographer，1995，47（1）：87-96.

[72] M. Hepworth. The Geography of the Information Economy [M]. London：Belhaven，1989.

[73] Goe R，Shanahan J. A Gonceptual Approach for Examining Service Sector Growth in Urban Economises：Issues and Problems in Analyzing the Service Economy [J]. Economic Development，1990，4（1）：144-153.

[74] Crawford-Welch S. International Marketing and Competition in European Markets [J]. International Journal of Contemporary Hospitality Management，1991，3（4）：47-54.

[75] Hess C M，Kemerer C F. Computerized Loan Origination Systems：An Industry Case Study of the Electronic Market hypotuesis [J]. MIS Quarterly，1994，18（3）：251-275.

[76] Brown S W，Fisk R P，Bitner M J. The Development and Emergence of Services Marketing Thought [J]. Inernational Journal of Service Industry Management，1994，5（1）：21-49.

[77] 李江帆. 中国第三产业发展研究 [M]. 北京：人民出版社，2005.

[78] 李江帆，毕斗斗. 国外生产性服务业研究评述 [J]. 外国经济与管理，2004，（11）：16-19，25.

[79] 毕斗斗. 美国生产服务业演变趋势的实证研究 [J]. 经济问题探索，2009（7）：127-131.

[80] 毕斗斗. 生产服务业演变趋势研究 [D]. 广州：中山大学，2005.

[81] 毕斗斗. 生产服务业发展研究 [M]. 上海：经济科学出版社，2009.

［82］ 任旺兵．中国制造业发展转型期生产性服务业发展问题［M］．北京：中国计划出版社，2008．

［83］ 甄峰，顾朝林，朱传耿．西方生产性服务业研究述评［J］．南京大学学报：哲社版，2001，38（3）：31-38．

［84］ 吕政，刘勇，王钦．中国生产性服务业发展的战略选择［J］．中国工业经济，2006，13（8）：8-13．

［85］ 顾乃华，毕斗斗，任旺兵．生产性服务业与制造业互动发展：文献综述［J］．经济学家，2006，21（6）：34-40．

［86］ 杨春立，于明．生产性服务与制造业价值链变化的分析［J］．计算机集成制造系统，2008，2006，14（1）：153-159．

［87］ 郑吉昌，夏晴．基于互动的服务业发展与制造业竞争力关系——以浙江先进制造业基地建设为例［J］．工业工程与管理，2005，10（4）：98-103．

［88］ 唐强荣，徐学军，何自力．生产性服务业与制造业共生发展模型及实证研究［J］．南开管理评论，2009，23（12）：20-26．

［89］ 庞博慧，郭振．生产性服务业和制造业共生演化模型研究［J］．经济管理，2006，32（9）：28-35．

［90］ 魏江，周丹．生产性服务业与制造业互动机理研究——以乐清低压电器产业链为例［J］．科学学研究，2010，32（9）：1171-1180．

［91］ 高峰．全球价值链视角下制造业与服务业的互动［J］．现代管理科学，2007，12（1）：43-45．

［92］ Karldo N. Cause of the Slow Rate of Growth of the United Kingdom［M］. London：Cambridge University，1966．

［93］ 富克斯．服务经济学［M］．北京：商务印书馆，1992．

［94］ Carson，I. The world as a Single Machine［J］. The Economist，1998．

［95］ Garcia-MilaT，McGuire T J. ANoteon the Shift to a Service-based Economy and the Consequences for Regional Growth［J］. Journal of Regional Science，1998．

［96］ Coyle D. Economics：The Weightless Economy［J］. Critical Quarterly，1997．

［97］ Drucker P F. The Emerging Theory of Manufacturing［J］. Harvard Business Review，1990，19（3）：123-145．

［98］ Houghton J，Pappas N，Sheehan P. 'New Manufacturing'：One Approach to the Knowledge Economy［M］. Victoria University，1999．

［99］ Türker M V. A model proposal oriented to measure technological innovation capabilities of business firms-a research on automotive industry［J］. Procedia-social and behavioral sciences，2012，41：147-159．

［100］ Vanderemerwe S，Rada J. Servitization of business：Adding value by adding services［J］. European Management Journal，1988，6（4）：314-324．

［101］ White A L，Stoughton M，Feng L. Servicizing：The Quiet Transition to Extended Product Responsibility［M］. Boston：Tellus Institute，1999．

［102］ Szalavetz A. Tertiarization of manufacturing industry in the new economy：Experiences in Hungarian companies［J］. Hungarian Academy of Sciences Working Papers，2003，3．

［103］ Neely A. The performance measurement revolution：why now and what next？［J］. International Journal of Operations & Production Management，1999，19（2）：205-228．

［104］ Neely A，Mills J，Platts K，et al. Performance measurement system design：Developing and testing a process-based approach［J］. International Journal of Operations & Production Management，

2000，20（10）：1119-1145.

[105] Neely A，Ng I，Roy R. Complex engineering service systems [J]. Journal of Service Management，2014，25（5）：54-64.

[106] Ranaweera C，Neely A. Some moderating effects on the service quality-customer retention link [J]. International Journal of Operations & Production Management，2003，23（2）：230-248.

[107] Wilkinson A，Dainty A，Neely A. Changing times and changing timescales：The servitization of manufacturing [J]. International Journal of Operations & Production Management，2009，29（5）.

[108] Baines T S，Lightfoot H W，Evans S，et al. State-of-the-art in product-service systems [J]. Proceedings of the Institution of Mechanical Engineers，Part B：Journal of Engineering Manufacture，2007，221（10）：1543-1552.

[109] Benedettini O，Neely A，Swink M. Why do servitized firms fail? A risk-based explanation [J]. International Journal of Operations & Production Management，2015，35（6）：946-979.

[110] Porter M E. Competitive Advantage：Creating and Sustaining Superior Performance [M]. New York：Free Press，1985.

[111] Porter M E. Clusters and the new economics of competition [J]. Harvard Business Review，1998，76（6）：77-90.

[112] Porter M E. The Competitive Advantage of Nations：with A New Introduction [M]. New York：Free Press，1998.

[113] 刘继国. 制造服务化：概念界定与机理研究 [D]. 广州：中山大学，2007.

[114] 刘继国. 制造服务化发展趋势研究 [M]. 上海：经济科学出版社，2009.

[115] 刘继国，李江帆. 国外制造服务化问题研究综述 [J]. 经济学家，2007，3：119-126.

[116] 蔺雷. 制造企业的服务增强机制研究 [D]. 北京：清华大学，2005.

[117] 蔺雷，吴贵生. 制造业发展与服务创新机理、模式与战略 [M]. 北京：科学出版社，2008.

[118] 蔺雷，吴贵生. 制造业的服务增强研究：起源、现状与发展 [J]. 科研管理，2006，1：91-99.

[119] 鲁桂花，蔺雷，吴贵生. 差别化竞争战略与服务增强的内在机理 [J]. 中国工业经济，2005，5：21-27.

[120] 蔺雷，吴贵生. 制造企业服务增强差异化机制的实证研究 [J]. 管理世界，2007，6：103-113.

[121] 蔺雷，吴贵生. 制造企业服务增强的质量弥补：基于资源配置视角的实证研究 [J]. 管理科学学报，2009，3：142-154.

[122] 蔺雷，吴贵生. 服务延伸产品差异化：服务增强机制探讨 [J]. 数量经济技术经济研究，2005，8：137-147.

[123] 顾建新，祁国宁. 知识型制造业：中国制造企业如何赢得知识经济时代的挑战 [M]. 北京：国防工业出版社，2000.

[124] 柏昊，徐捷. 服务增强在制造业企业产品创新中的作用研究 [J]. 华东经济管理，2006，20（10）：28-31.

[125] 刘培基，刘飞，王旭，等. 绿色制造的理论与技术体系及其新框架 [J]. 机械工程学报，2021，57（19）：165-179.

[126] Hasa N，Jaaron A. Total Quality Management for Enhancing Organizational Performance：The Mediating Role of Green Manufacturing Practices [J]. Journal of Cleaner Production，2021，60（7）：118-130.

[127] Kagermann H，Wahlster W，Helbig J. Final Report of the Industrie 4.0 Working Group，Securing the Future of German Manufacturing Industry Recommendations for Implementing the Strategic Initiative INDUSTRIE 4.0 [R]. National Academy of Science and Engineering：Frankfurt，Germany，2013.

[128] 张曙. 工业 4.0 和智能制造 [J]. 机械设计与制造工程，2014，43（8）：1-5.

[129] 森德勒. 工业 4.0：即将来袭的第四次工业革命 [M]. 北京：机械工业出版社，2014.

[130] 波特霍夫，哈特曼. 工业 4.0（实践版）：开启未来工业的新模式、新策略和新思维 [M]. 北京：机械工业出版社，2015.

[131] 王喜文. 工业 4.0：最后一次工业革命 [M]. 北京：电子工业出版社，2015.

[132] Government Office for Science and Department for Business，Innovation & Skills，The future of manufacturing：a new era of opportunity and challenge for the UK（Foresight project looking at the long-term picture for the UK manufacturing sector between now and 2050.）[R]. 2013，October.

[133] 中国国务院. 中国制造 2025 [R]. 2015 年 5 月 8 日.

[134] 中国工信部规划司. 工信部解读《中国制造 2025》[R]. 2015 年 5 月 19 日.

[135] 王喜文. 中国制造 2025 解读：从工业大国到工业强国 [M]. 北京：机械工业出版社，2015.

[136] Olan F，Suklan J，Arakpogun E O，et al. Advancing consumer behavior：The role of artificial intelligence technologies and knowledge sharing [J]. IEEE Transactions on Engineering Management，2021.

[137] 张新安. 中国消费者的顾客价值形成机制：以手机为对象的实证研究 [J]. 管理世界，2010（1）：15-33.

[138] Pamudyarini R A. The Effect of Innovation and Consumer Behavior towards Sustainable Fashion in the Era of Society 5.0 Students of FSR IKJ Product Design [J]. International Journal of Multicultural and Multireligious Understanding，2021，8（2）：394-402.

[139] Kim D J，Ferrin D L，Rao H R. A trust-based consumer decision-making model in electronic commerce：The role of trust，perceived risk，and their antecedents [J]. Decision Support Systems，2008，44（2）：544-564.

[140] 江志刚，张华，肖明. 面向绿色制造的生产过程多目标集成决策模型及应用 [J]. 2008，44（4）：41-46.

[141] Moldavska A，Welo T. The concept of sustainable manufacturing and its definitions：A content-analysis based literature review [J]. Journal of Cleaner Production，2017，166：744-755.

[142] Khawaja A，Jahanzaib M，Munawar M. Optimizing the Performance of High-Speed Machining on 15CDV6 HSLA Steel in Terms of Green Manufacturing Using Response Surface Methodology and Artificial Neural Network [J]. International Journal of Precision Engineering and Manufacturing，2021，22（6）：1125-1145.

[143] 张卫，石涌江，顾新建，等. 基于商业生态系统的移动制造服务理论与技术 [M]. 北京：科学出版社，2016.

[144] 张卫，李仁旺，潘晓弘. 工业 4.0 环境下的智能制造服务理论与技术 [M]. 北京：科学出版社，2017.

[145] 张卫，朱信忠，顾新建，等. 工业互联网环境下的智能制造服务流程纵向集成 [J]. 系统工程理论与实践，2021，41（7）：1761-1770.

［146］ 张卫，石涌江，唐任仲，等．基于工业互联网的制造与服务融合技术研究［J］.中国科学：技术科学，2022，52（3）：136-153.

［147］ 周佳军，姚锡凡．先进制造技术与新工业革命［J］.计算机集成制造系统，2015，21（008）：1963-1978.

［148］ 姚锡凡，景轩，张剑铭，等．走向新工业革命的智能制造［J］.计算机集成制造系统，2020（9）：2299-2320.

［149］ 张旭梅，但斌，韩小鹏．现代制造服务：理论与实践［M］.北京：科学出版社，2015.

［150］ 江平宇，张富强，付颖斌．服务型制造执行系统理论与关键技术［M］.北京：科学出版社，2015.

［151］ 国家制造强国建设战略咨询委员会．服务型制造［M］.北京：电子工业出版社，2016.

［152］ 薛宏全．面向机床再制造云服务平台关键技术研究［M］.北京：经济管理出版社，2019.

［153］ 张卫．新工业革命背景下的制造与服务融合理论与技术［M］.北京：科学出版社，2023.

［154］ 郑树泉，王倩，武智霞，等．工业智能技术与应用［M］.上海：上海科学技术出版社，2019.

［155］ 姚锡凡，周佳军．智慧制造理论与技术［M］.北京：科学出版社，2020.

［156］ 李伯虎，柴旭东，张霖，等．智慧云制造［M］.北京：化学工业出版社，2020.

［157］ 中国电子技术标准化研究院．智能制造标准化［M］.北京：清华大学出版社，2019.

［158］ 张洁，吕佑龙，汪俊亮，等．智能车间的大数据应用［M］.北京：清华大学出版社，2020.

［159］ 郑力，莫莉．智能制造技术前沿与探索应用［M］.北京：清华大学出版社，2021.

［160］ 江志斌，林文进，王康周，等．未来制造新模式理论、模式及实践［M］.北京：清华大学出版社，2020.

［161］ 江平宇，张富强，郭威．智能制造服务技术［M］.北京：清华大学出版社，2021.

［162］ 王立平，张根保，张开富，等．智能制造装备及系统［M］.北京：清华大学出版社，2020.

［163］ 袁勇，王飞跃．区块链＋智能制造技术与应用［M］.北京：清华大学出版社，2021.

［164］ 刘志峰，黄海鸿，李新宇，等．绿色制造理论方法及应用［M］.北京：清华大学出版社，2021.

［165］ 刘飞，曹华军，张华，等．绿色制造的理论与技术［M］.北京：科学出版社，2015.

［166］ 李聪波，刘飞，曹华军．绿色制造运行模式及其实施方法［M］.北京：科学出版社，2011.

［167］ 张华，张绪美，赵刚．绿色制造［M］.北京：中国环境出版社，2017.

［168］ 符国群．消费者行为学［M］.北京：高等教育出版社，2021.

［169］ 卢泰宏，周懿瑾．消费者行为学［M］.北京：中国人民大学出版社，2021.

［170］ 李开，张中科．消费者行为学［M］.北京：高等教育出版社，2015.

［171］ 汪俊亮，张洁．大数据驱动的晶圆工期预测关键参数识别方法［J］.机械工程学报，2018，54（23）：185-191.

［172］ 方伟光，郭宇，黄少华，等．大数据驱动的离散制造车间生产过程智能管控方法研究［J］.机械工程学报，2021，57（20）：277-291.

［173］ Chen Q, Heydari B, Moghaddam M. Leveraging task modularity in reinforcement learning for adaptable industry 4.0 automation［J］. Journal of Mechanical Design, 2021, 143（7）: 071701.

［174］ 王兴康．基于群智能算法的绿色生产服务建模与优化［D］.金华：浙江师范大学，2024.

［175］ Chen J, Liao W, Yu C. Route optimization for cold chain logistics of front warehouses based on traffic congestion and carbon emission［J］. Computers & Industrial Engineering, 2021, 161（8）: 107-163.

［176］ 王钟宁．面向机加工的云制造服务组合优选方法研究［D］.重庆：重庆大学，2021.

［177］ Singh N，Singh S B. A novel hybrid GWO-SCA approach for optimization problems ［J］. Engineer ing Science and Technology，an International Journal，2017，20 (6)：1586-1601.

［178］ Li C，Zhang N，Lai X，et al. Design of a fractional-order PID controller for a pumped storage unit using a gravitational search algorithm based on the Cauchy and Gaussian mutation ［J］. Information Sciences，2017，396 (9)：162-181.

［179］ Yang Y，Yang B，Wang S，et al. An enhanced multi-objective grey wolf optimizer for service com-position in cloud manufacturing ［J］. Applied Soft Computing，2020，87 (7)：106-133.